对外汉语短期强化系列教材

A series of Chinese textbooks for short-term intensive training programs for foreigners

# SHORT-TERM LISTENING CHINESE

第二版
2nd Edition

# 汉语听力速成

## 中级篇
Intermediate

毛悦 ■主编    毛悦  王彦杰 ■编著

北京语言大学出版社
BEIJING LANGUAGE AND CULTURE UNIVERSITY PRESS

图书在版编目(CIP)数据

汉语听力速成·中级篇/毛悦主编. —2版. —北京：北京语言大学出版社，2010.12（2025.5重印）
ISBN 978-7-5619-2930-8

Ⅰ.①汉…　Ⅱ.①毛…　Ⅲ.①汉语－听说教学－对外汉语教学－教材　Ⅳ.①H195.4

中国版本图书馆 CIP 数据核字（2010）第 233385 号

| | | |
|---|---|---|
| 书　　名： | 汉语听力速成·中级篇　第二版 | |
| 中文编辑： | 徐　雁 | |
| 英文编辑： | 侯晓娟 | |
| 责任印制： | 邝　天 | |
| 出版发行： | 北京语言大学出版社 | |
| 社　　址： | 北京市海淀区学院路 15 号　　邮政编码：100083 | |
| 网　　址： | www.blcup.com | |
| 电　　话： | 发行部　82303650/3591/3651 | |
| | 编辑部　82303647 | |
| | 读者服务部　82303653/3908 | |
| | 网上订购电话　82303668 | |
| | 客户服务信箱　service@blcup.net | |
| 印　　刷： | 天津鑫丰华印务有限公司 | |
| 经　　销： | 全国新华书店 | |
| 版　　次： | 2010 年 12 月第 2 版　2025 年 5 月第 9 次印刷 | |
| 开　　本： | 787 毫米×1092 毫米　1/16　印张：13 | |
| 字　　数： | 294 千字 | |
| 书　　号： | ISBN 978-7-5619-2930-8/H·10315 | |
| 定　　价： | 45.00 元 | |

PRINTED IN CHINA
凡有印装质量问题，本社负责调换。售后QQ号1367565611，电话010-82303590

# 修订说明

《汉语听力速成》系列教材自2002年出版以来，受到了海内外学习者和教师的普遍欢迎。随着时间的推移，教材中有些内容已落后于中国当前的现实生活，影响了教材的使用。此次修订，我们对教材中的一些练习和注释作了细节上的修订，还更换了过时的内容，以使教材内容更贴近当前现实。同时，每册都增加了生词表和一定数量的新课。在使用过程中我们得到反馈，教师普遍反映教学内容应再多一些，这样教材还可以用于普通进修生的听力教学。因此，我们在《入门篇》里添加了语音专题，通过大量专门的语音练习解决初级学生的语音问题；同时在听录音做练习部分增加了一些任务活动，引导学生在"做中学"；此外，《基础篇》增加了8课；《提高篇》增加了8课；《中级篇》增加了4课；《高级篇》增加了4课。在原有基础上又增加了租房、工作、交友、解决矛盾等与生活相关的实用性话题，以及文化习俗、气候、环境、科技、法律、旅游等热门话题。我们试图为学习者提供丰富的汉语听力资料，让学习者通过听力训练提高汉语交际能力，能使用汉语进行生活和工作，同时也通过听力资料了解中国的传统文化和当代中国，了解中国人的思维方式和思想观念。

各册的配套录音改为MP3形式，附于书中，方便课后复习和自学。

编者
2010年12月

# 前　言

　　听力教学是专门为提高学生听力水平所进行的教学活动，它通过各种有意识的教学手段来帮助学生听懂所给的材料，培养和提高学生听的能力，从而达到沟通交流的教学目的，绝非只是重复地播放课文录音。短期教材由于教学对象的需求，要求充分考虑到教材的实用性和时效性，要优选与学生的日常生活、学习、交际等方面的活动有直接联系的话题、功能和语言要素进行教学，并且要尽量使学生在每一个单位教学时间里都能及时地看到自己的学习效果。与一般教材相比，这套听力教材输入量大，进度快，练习充分。我们试图吸收任务教学法的一些经验，每课设置一个主要话题，根据话题选择听力材料，包括不同的任务类型，要求学生掌握与本课话题相关的生词、语言点、重要结构、表达方式，并能运用这些经验成分听懂语言材料，实现交际目的，以使学生每次课都有每次课的收获，每个短暂的教学周期结束后都能达到预期的教学目标。

## 一、教材体例

　　《汉语听力速成》是以短期来华留学生为主要教学对象的听力系列教材，包括《入门篇》《基础篇》《提高篇》《中级篇》《高级篇》五个等级，每个等级分"课本"和"录音文本及练习答案"两大部分。

　　● 《入门篇》

　　适合零起点和掌握了200个左右汉语词的学习者使用。共15课，涉及日常生活、学习和社交等交际活动，包括问候、数字、时间、购物、交通、饮食、爱好、方位、住宿、生活服务、健康医疗、天气、服装、人物描写、留言核实以及计划和安排等交际项目。每课课文都包括单句听解、一问一答对话听解、对话听解和短文听解四个部分。听解内容由短到长，由浅入深，逐步深入，特别适合初级学习者。同时课文内容随着交际任务的深入，呈阶梯状增加难度，很好地适应了学生逐步提高汉语听力水平的需要。

I

● **《基础篇》**

适合具有初步听说能力、熟练掌握汉语简单句型和800个左右汉语词的学习者使用。共20课，涉及日常生活、学习、社交等交际活动，包括买东西、去餐厅吃饭、问路、看病、租房、交友、订计划、解决矛盾、美容、工作等等，对这些交际活动中涉及的简单交际任务项目进行了处理。课文以对话体为主。主要目的是让学生听懂生活中的日常谈话，能够很快地参加交际活动。

● **《提高篇》**

适合具有基本的听说能力，熟练掌握汉语一般句式和主要复句、特殊句式及1500个汉语词的学习者使用。共20课，涉及生活、学习、社交、工作等交际活动的一般性交际项目，如交通状况、体育运动、参观旅行、职业与工作、自然与环境、网络、风俗与禁忌、科学与迷信、影视娱乐、经典人物、现代生活等。课文在对话体的基础上加入了一些短文。《提高篇》训练学生在听懂对话体语段的基础上，听懂叙述独白体语段的能力。

● **《中级篇》**

适合具有一般的听说能力，掌握2500个以上汉语词以及一般性汉语语法内容的学习者使用。共16课，涉及生活、学习、工作、社会文化等内容较复杂的交际项目，如婚姻、教育、法律、农业、工业、电脑、交通、气候、奥运等话题。每课分短文和话题讨论两部分，目的是训练学生听懂长段文章的能力。选取短文时注意了短文结构的典型性和规范性。话题讨论部分从广播电视的访谈节目中寻找素材，加以改写，分成两部分：一部分是对话体的讨论，包括叙述、描写、提问、回答等方式的应用；另一部分为评论式的谈话，大多为较完整的语段，使学生了解对话的方式与独自表述的结构特点，便于听懂涉及高级交际任务项目的内容。

● **《高级篇》**

适合具有较好的听说能力，掌握3500个以上汉语词，基本上能够流利而得体地用汉语进行交流的具有较高汉语水平的学习者使用。共16课，涉及社会文化、新闻广播、专业工作等内容复杂的交际项目，如中外关系、体育世界、电脑空间、经济与社会、百姓生活、中医与健康、文学与艺术、教育与择业、人物与组织、环境与自然、自然与人类、人口与地球、法律、旅游地理、非物质文化遗产、科学与宇宙等。《高级篇》训练学生听懂广播电视节目及新闻的能力。听力材料大量选用实况讲话和讲座。每课分精听和泛听两部分，从不同侧面与该课话题相关，语体正式。

## 二、教材使用建议

《汉语听力速成》共分五个等级，每册分生词、格式与范句、热身练习、听课文做练习等几部分，有的分册还设有综合练习和泛听练习。

● **格式与范句**：要求学生课前准备，课后掌握。编写此部分的目的是让学生在听完一课以后学习到一些有关本课的重要生词和格式、句型，使这套听力教材不仅仅是口语课的复习，而且能够相对独立地使用。

● **热身练习**：一般分词汇练习和语句练习两部分。练习量较大，包括词语搭配、同音词或同义词的辨析、重点句型的操练等形式，由教师上课时选择处理。目的是在正式听课文前使学生熟练掌握生词及重点句式和结构，为正式听课文扫清障碍。

● **听课文做练习**：《入门篇》《基础篇》《提高篇》重视练习方式的多样性，考虑到课文难度不太大，我们设计练习时注意避免同一种练习形式在一课内多次出现，以减少学生的厌倦情绪，提高课堂教学的效率，增加同一教学任务教学内容的容量。《中级篇》《高级篇》注重听较长语段的能力的培养，设计了一些训练学生听重点词、填写课文内容、改错等形式的练习，使学生在听录音的同时养成注意分析说话人语义重点、语段表达的结构以及句与句之间的连接方式等习惯，这对他们提高口语表达能力也有很大帮助。

● **综合练习和泛听练习**：教师可以在课上有区别地处理全部内容，也可以把泛听部分留做学生的课后作业。

《汉语听力速成》系列教材适合各种短期班教学使用，同时也可以作为一般进修教学的听力技能课教材或自学教材使用。这套教材可以与《汉语口语速成》《汉语阅读速成》（均为北京语言大学出版社出版）配套使用，它们在难易程度上和话题选择上具有一致性。《汉语听力速成》的《入门篇》《基础篇》《提高篇》《中级篇》和《高级篇》可以分别配合《汉语口语速成》的《入门篇》《基础篇》《提高篇》《中级篇》和《高级篇》使用。同时，由于这套教材的编写有其相对独立性，也可以与其他分等级的系列教材搭配使用。

本套教材为教师组合处理教材留有很大余地。本次修订各册均增加了教学内容，丰富了话题范围，使教材可同时适用于半年以上的进修教学。用于教学周期较长的班级（教学时间在8周以上）时，教师可细化处理课文的每一环节，4-6课时学习一课；用于教学周期较短的班级（8周以下）时，教师可从每课中抽取所需部分，将泛听部分留做课后作业，2课时学习一课，加快教学进度。自学者可以按照教材提供的线索，先学生词，再通过热身练习扫清障碍，再听课文，学习有关话题的基本知识，做综合练习掌握本课的语法点、语段结构与表述方式。

每册附有"录音文本及练习答案"，但要求学生上课前不要看。为了便于使用，"录音文本及练习答案"与"课本"合订为一册，从后往前装订。

编者

# 目 录

第 一 课　外出旅游　(1)

第 二 课　吃的学问　(8)

第 三 课　我们夫妇之间　(14)

第 四 课　离婚之后　(19)

第 五 课　长大成人　(25)

第 六 课　常回家看看　(32)

第 七 课　律师　(39)

第 八 课　电脑与网络　(44)

第 九 课　医生与病人　(51)

第 十 课　球迷侃球　(58)

第十一课　农民信科学　(65)

第十二课　工人有技术　(72)

第十三课　假如我中奖了　(79)

第十四课　气候变暖　(86)

第十五课　奥运会志愿者　(92)

第十六课　城市交通　(99)

生词表　(106)

# 第一课

## 外出旅游

### 一、生词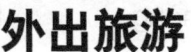

| | | | | |
|---|---|---|---|---|
| 1. | 发挥 | fāhuī | （动） | bring into play, exert |
| 2. | 显著 | xiǎnzhù | （形） | remarkable |
| 3. | 规模 | guīmó | （名） | scale |
| 4. | 一条龙 | yìtiáolóng | （名） | a connected sequence |
| 5. | 体系 | tǐxì | （名） | system |
| 6. | 呈现 | chéngxiàn | （动） | present, appear, emerge |
| 7. | 格局 | géjú | （名） | pattern |
| 8. | 资源 | zīyuán | （名） | resource |
| 9. | 相称 | xiāngchèn | （形） | commensurate |
| 10. | 激烈 | jīliè | （形） | intense |
| 11. | 制定 | zhìdìng | （动） | map out, stipulate for |
| 12. | 设施 | shèshī | （名） | installation, facilities |
| 13. | 视而不见 | shì ér bú jiàn | | turn a blind eye to |
| 14. | 简陋 | jiǎnlòu | （形） | simple and crude |
| 15. | 开导 | kāidǎo | （动） | convince sb. by patient analysis |
| 16. | 缺乏 | quēfá | （形、动） | short of; lack |
| 17. | 道德 | dàodé | （名、形） | morality; moral |
| 18. | 镜泊湖 | Jìngpō Hú | （专名） | name of a lake |
| 19. | 筹备 | chóubèi | （动） | prepare, arrange |
| 20. | 赢得 | yíngdé | （动） | win, gain |
| 21. | 淹 | yān | （动） | inundate, submerge |
| 22. | 探 | tàn | （动） | try to find out, explore |

| 23. | 灵活 | línghuó | （形） | flexible |
| 24. | 愚弄 | yúnòng | （动） | befool, assify |
| 25. | 阵容 | zhènróng | （名） | lineup |
| 26. | 兴味盎然 | xìngwèi àngrán | | with great interest |

## 二、格式与范句

**1 ……不说**

连词，用于口语，意思和"不但"相近，多用于第一分句的末尾。

① 那家商场东西全不说，价格也很合理。

② 做那种工作，别人看不起不说，自己也觉得不好意思。

**2 少于……**

意思是"比……（数量）少"，用于引出规定或要求的数量。比较正式。

① 每天的训练时间不能少于5小时。

② 这里很多家庭人均住房面积少于8平方米。

**3 不得已**

没有办法，不得不这样。

① 他不得已才去了另一家公司。

② 因为父母的意见，他不得已选择了现在的职业。

**4 被……所……**

一种被动句，"被"引进动作的施动者，"所"后面紧跟动词。比较正式。

① 他的建议已经被公司所采纳。

② 我们被她的歌声所吸引，这才找到了那个地方。

**5 如此**

意思是"像这样"，用在动词、形容词前边。比较正式。

① 学校如此安排，不太合适。
② 比赛如此紧张，你可要注意身体。

## 三、热身练习

### 一 词语练习  ▶ 1'17"

**1. 朗读词语。**

（1）旅游者　　　　（2）旅游区　　　　（3）休闲时间
　　 表演者　　　　　　 开发区　　　　　　 工作时间

（4）缺乏资金　　　（5）旅游业　　　　（6）出境旅游
　　 缺乏经验　　　　　 餐饮业　　　　　　 入境旅游

（7）筹备会议　　　（8）一笔生意　　　（9）旅游资源
　　 筹备资金　　　　　 一笔资金　　　　　 森林资源
　　 筹备节目　　　　　 一笔账　　　　　　 海洋资源

**2. 听句子，写出刚学过的生词。**

（1）　　　　　　　　（2）

（3）　　　　　　　　（4）

（5）　　　　　　　　（6）

（7）　　　　　　　　（8）

（9）　　　　　　　　（10）

**3. 连线，组成短语。**

(1)
- 国民
- 产业
- 简陋的
- 提前
- 发挥

- 规模
- 作用
- 经济
- 退休
- 平房

(2)
- 社会
- 明文
- 制定
- 民间
- 职业

- 道德
- 歌舞
- 政策
- 规定
- 发展

## 二 句子练习 ▶ 5'45"

**1. 听句子，判断正误。**

(1) 司机和导游没有看见景点附近的饭店、酒楼。　　　　　　（　）

(2) 餐厅里边不但又脏又乱，而且东西特别贵。　　　　　　　（　）

(3) 从目前情况看，中国快餐业还不如发达国家。　　　　　　（　）

(4) 长城是京郊旅游的重点，游览时间应该在两个小时以上。　（　）

**2. 听后模仿。**

(1)

(2)

(3)

(4)

## 四、听课文做练习

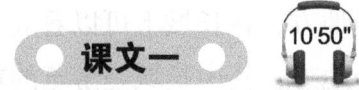

（听前提示：中国旅游业新格局中的三种形式是什么？）

**1. 听后判断正误。**

（1）中国是旅游资源大国，在世界上属于旅游发达国家。（  ）
（2）中国旅游业的现状与"旅游资源大国"的地位很不相称。（  ）
（3）中国旅游业的基础很好，只是起步太晚。（  ）
（4）目前，中国旅游业还没有达到世界旅游发达国家的水平。（  ）
（5）中国旅游业还需要在服务质量、安全卫生以及基础设施等方面进一步加强。（  ）

**2. 听后回答问题。**

（1）"一条龙"的服务体系包括哪些方面？
（2）中国旅游业的新格局有什么特点？
（3）为什么中国旅游业与世界旅游发达国家相比还有较大差距？
（4）怎样才能使中国旅游业实现更大的发展？
（5）"有吸引力的价格"应该怎么理解？

（听前提示：1.录音中两位游客都参加了市郊一日游，他们感觉怎么样？2.现在旅游业存在的主要问题有哪些？）

**1. 听后选择正确答案。**

① A. 去的餐厅又脏又乱，价格非常高
   B. 司机和导游故意把游客拉到一个餐厅，游客花了钱却吃不好
   C. 在长城上待的时间太长，天黑了才回来

D. 用于游览的时间不够，损害了游客的利益　　　　　　（　　）

② A. 一天游览五个地方，在长城上可以看戏

B. 一天游览五个地方，其中长城是游览的重点

C. 一天游览五个地方，任务太重了

D. 一天游览五个地方，在长城上有很重要的活动　　　（　　）

③ A. 允许旅客自选景点

B. 制定不同的价位供旅客选择

C. 允许旅客自主用餐

D. 为了多赚钱，统一包旅客吃饭和买门票，价位也定得比较高　（　　）

④ A. 退休的人增多

B. 节假日和休闲时间增多

C. 旅游点商贩高价推销商品

D. 单身朋友及无子女夫妇数量的增加　　　　　　　（　　）

**2. 听后填空，并叙述每个段落。**

（1）到了午饭时间，司机和导游对景点附近的饭店、酒楼_____，_____把我们拉到了一排简陋的平房前边，里边脏乱_____，价格更_____。

（2）导游还"_____"我们：旅游主要是玩好，_____，凑合一顿就行，如果_____，可以不吃，买_____。可是那里只有那一个吃饭的地方，也没有其他食品_____，游客只能_____。

（3）本来长城是一日五游的_____，有关部门_____停留时间_____两个小时。我们下午四点在长城下车，导游却要求人们五点二十_____。他的理由是：一、长城上风大而且天快

黑了，＿＿＿＿＿没意思。二、回程要＿＿＿＿＿，不能回去太晚。

（4）旅行社刚成立的时候，我们听说沈阳有个＿＿＿＿＿，会后要到镜泊湖旅游，便＿＿＿＿＿赶到沈阳，直接＿＿＿＿＿。靠我们的真诚＿＿＿＿＿对方的信任，第一笔生意＿＿＿＿＿！跑车、跑票、跑饭店……当时去镜泊湖的路有一段被水淹了，因为担心路坏了＿＿＿＿＿，我们先下水从这头走到那头＿＿＿＿＿。那种苦不干导游是＿＿＿＿＿。

（5）去旅游，一要＿＿＿＿＿，二要＿＿＿＿＿。随着经济的发展，人们的收入＿＿＿＿＿。其次，随着更为灵活的＿＿＿＿＿的实现，节假日和＿＿＿＿＿增多，人们有时间也有机会外出旅游。第三，＿＿＿＿＿及无子女夫妇数量的增加，也会＿＿＿＿＿旅游者的队伍。第四，＿＿＿＿＿的人增多，他们中很多人也加入了旅游者的行列。

（6）海外游客到中国旅游，晚上常常无事可做。有人称做"＿＿＿＿＿，＿＿＿＿＿"。在韩国首尔，如果感兴趣的话，游客每天晚上都可以去看＿＿＿＿＿。剧场不大，＿＿＿＿＿也很一般，然而，其＿＿＿＿＿绝对是"韩国"的，民族风情浓厚，深受＿＿＿＿＿的美洲、欧洲旅游者的喜爱。

**3. 根据你听到的这个话题讨论，谈一谈你自己的观点。**
（1）"旅游主要是玩好，至于吃饭，凑合一顿就行"，你同意这种观点吗？
（2）现在旅游的人数增长很快，你觉得最主要的原因是什么？
（3）你觉得目前中国旅游业存在的主要问题是什么？

# 第二课

## 吃的学问

### 一、生词 ▶ 7"

| | | | | |
|---|---|---|---|---|
| 1. | 贡献 | gòngxiàn | （名、动） | contribution; contribute |
| 2. | 文献 | wénxiàn | （名） | document, literature |
| 3. | 记载 | jìzǎi | （动） | record |
| 4. | 清热 | qīngrè | （动） | relieve inflammation or internal heat |
| 5. | 清香扑鼻 | qīngxiāng pū bí | | a faint scent assails the nostrils |
| 6. | 碾 | niǎn | （动） | grind |
| 7. | 捣 | dǎo | （动） | pound with a pestle, smash |
| 8. | 调料 | tiáoliào | （名） | flavoring, seasoning |
| 9. | 八大菜系：鲁(Lǔ)、川(Chuān)、粤(Yuè)、闽(Mǐn)、苏(Sū)、浙(Zhè)、徽(Huī)、湘(Xiāng) | | | Eight Major Distinctive Styles of Cooking |
| 10. | 加工 | jiāgōng | （动） | process |
| 11. | 细致 | xìzhì | （形） | fine and delicate |
| 12. | 富于变化 | fù yú biànhuà | | changeful, variegated |
| 13. | 驰名 | chímíng | （动） | be famous |
| 14. | 抽油烟机 | chōuyóuyānjī | （名） | smoke exhaust ventilator, kitchen ventilator |
| 15. | 制作 | zhìzuò | （动） | make, produce |
| 16. | 精巧 | jīngqiǎo | （形） | exquisite, fine and delicate |
| 17. | 繁多 | fánduō | （形） | many, numerous |
| 18. | 新颖 | xīnyǐng | （形） | novel, new, original |
| 19. | 烹调 | pēngtiáo | （动） | cook (food) |

| 20. | 尴尬 | gāngà | (形) | awkard, embarrassed |
| 21. | 景观 | jǐngguān | (名) | sight |
| 22. | 接着 | jiēzhe | (动) | go on (doing something) |
| 23. | 大雅之堂 | dà yǎ zhī táng | | a place or an occasion where all the people behave elegantly or have good taste |
| 24. | 平衡 | pínghéng | (形、名) | balanced; balance |
| 25. | 十味：甜(tián)、酸(suān)、苦(kǔ)、辣(là)、咸(xián)、臭(chòu)、糟(zāo)、麻(má)、霉(méi)、鲜(xiān) | | | Ten Tastes |

## 二、格式与范句

**1** 根据……记载

用于句子的开头，引出论断或叙述的依据。

① 根据报刊记载，这件事已经过去了50年了。

② 根据史书记载，那个地区以前是一片湖水。

**2** 以……著称

用于比较正式的介绍，意思是"因为……很出名"。

① 那个国家以盛产石油著称。

② 杭州以西湖的美景著称于世。

**3** 以……命名

用于介绍名称的由来。

① 这个体操动作是以那个运动员的名字命名的。

② 那座建筑是以捐款人的名字命名的。

## 三、热身练习

### 一 词语练习  ▶ 1'30"

**1.** 听句子，写出刚学过的生词。

(1) _____  (2) _____

(3) _____  (4) _____

(5) _____  (6) _____

(7) _____  (8) _____

(9) _____  (10) _____

**2.** 根据下列简称写出全称。

鲁：_____  川：_____  粤：_____  闽：_____

苏：_____  浙：_____  徽：_____  湘：_____

### 二 句子练习  ▶ 4'

**1.** 听句子，判断正误。

(1) 杭州因为西湖美丽的风景而闻名于世。　　　　　　　　　　（　　）

(2) 茶因为可以当做药材还可以充当饮料而被写入历史文献。（　　）

(3) 唐宋时期流行的煮茶方法会影响茶的味道，宋元以后的泡茶方法才能尝到茶的本味。（　　）

(4) 中国菜的取名方式常根据人名、地名、花名或根据菜的颜色、样子和味道取名。（　　）

**2.** 听后模仿。

(1)

(2)

(3)

## 四、听课文做练习

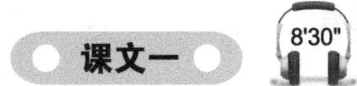

（听前提示：1. 茶有什么作用？2. 中国人饮茶的方式有什么变化？）

**听后判断正误。**

（1）茶最早发现于中国。（　　）

（2）茶是一种很好的药材，可以治病，是中医经常使用的一味药。（　　）

（3）唐宋时期，人们煮茶的方式很复杂，煮出的茶清香扑鼻。（　　）

（4）宋元以后，人们泡茶时少加了调料，因而茶很好喝。（　　）

（听前提示：1. 中国的八大菜系是哪些？它们各自的主要优缺点是什么？2. 中国人在菜肴命名上有什么讲究？3. 不同国家的饮食文化有什么不同？）

**1. 听后回答问题。**

（1）说出中国的八大菜系。

（2）川菜有什么特点？

（3）粤菜的优势在什么地方？

（4）请你讲讲高先生在德国的经历。

（5）徐先生在四川吃饭时看到了什么？

**2. 听后填空，并叙述每个段落。**

（1）各地菜肴取名的方式。

有的以人名命名，比如_____、_____、_____ _____等等。有的以地名命名，如_____、_____；还有的以花的名字命名，有_____、_____、_____

＿＿＿＿＿；以草药命名的有＿＿＿＿＿、＿＿＿＿＿等；根据菜的形状定名字的有＿＿＿＿＿、＿＿＿＿＿、＿＿＿＿＿等；还有＿＿＿＿＿、＿＿＿＿＿是以色取名；＿＿＿＿＿、＿＿＿＿＿是以味取名，等等。

（2）四大菜系的缺点。

　　我觉得四大菜系都有自己不可克服的缺点，比如说鲁菜，＿＿＿＿＿。川菜的主要特点是＿＿＿＿＿很强，可是＿＿＿＿＿。淮扬菜，＿＿＿＿＿。粤菜吸收了很多＿＿＿＿＿，可＿＿＿＿＿，有很多西菜做法，＿＿＿＿＿。我个人觉得，普及大众的＿＿＿＿＿，重视＿＿＿＿＿，＿＿＿＿＿是发展方向。

（3）各国饮食文化的异同。

　　中国的饮食文化是最好的，它好就好在＿＿＿＿＿。杂就是要＿＿＿＿＿，各大菜系都是要掌握平衡。中国人讲究平衡，＿＿＿＿＿的平衡，＿＿＿＿＿的平衡，＿＿＿＿＿的平衡，＿＿＿＿＿的平衡，＿＿＿＿＿的平衡，从各个方面平衡。日本人＿＿＿＿＿很好，红的绿的，最后一杯牛奶、＿＿＿＿＿、＿＿＿＿＿、＿＿＿＿＿，日本人很早就有＿＿＿＿＿。日本人搭配得很好，可是他们不重视吃，他们是＿＿＿＿＿，就是看。那么欧洲菜呢？全是＿＿＿＿＿，欧洲人是＿＿＿＿＿。法国人是＿＿＿＿＿，什么东西配＿＿＿＿＿，什么东西配＿＿＿＿＿，什么东西都要想想。美国人呢？就是＿＿＿＿＿

_____。"这个能吃吗？""这个卫生吗？"中国人_____。就像刚才各位美食家说的那样，八大菜系中，除了_____五味以外，我们还有五味——_____，就是用这十种东西变成八大菜系。

# 第三课

## 我们夫妇之间

### 一、生词

| | | | | |
|---|---|---|---|---|
| 1. | 金婚 | jīnhūn | (名) | golden wedding (50th anniversary) |
| 2. | 秘诀 | mìjué | (名) | secret (of success) |
| 3. | 宽容 | kuānróng | (形) | tolerant, forgiving |
| 4. | 忍让 | rěnràng | (动) | show forbearance |
| 5. | 冤家 | yuānjia | (名) | person whom one can't help loving in spite of all his faults |
| 6. | 琐碎 | suǒsuì | (形) | petty, trivial |
| 7. | 依赖 | yīlài | (动) | depend on, rely on |
| 8. | 秋高气爽 | qiū gāo qì shuǎng | | (a fine day) with clear and high autumn sky and brisk air |
| 9. | 冷战 | lěngzhàn | (名) | cold war |
| 10. | 鸡毛蒜皮 | jī máo suàn pí | | trifles |
| 11. | 频率 | pínlǜ | (名) | frequency |
| 12. | 拟定 | nǐdìng | (动) | work out |
| 13. | 协议 | xiéyì | (名) | agreement |
| 14. | 起草 | qǐcǎo | (动) | draft out |
| 15. | 融洽 | róngqià | (形) | harmonious |
| 16. | 协调 | xiétiáo | (形、动) | harmonious; coordinate |
| 17. | 指责 | zhǐzé | (动) | criticize, find fault with |
| 18. | 怒火 | nùhuǒ | (名) | anger, flames of fury |
| 19. | 平息 | píngxī | (动) | appease, calm down |
| 20. | 沟通 | gōutōng | (动) | communicate |

| 21. | 妒忌 | dùjì | （动） | be jealous of, envy |
| 22. | 跟踪 | gēnzōng | （动） | follow the tracks of, trail |

## 二、格式与范句

**1 算**

副词，被认为是，可以说是，表示对事实的判断和确定。
① 你算问对了，我正好认识这个人。
② 这件事算你办得不错。

**2 其实**

副词，表示前面说的情况不真实，"其实"后面说的才是真实的。
① 我最近发现，很多过去自认为聪明的想法，其实都是错误的。
② 都说从这儿去天安门很远，其实一点儿也不远。

**3 连……都……**

表示强调。
① 连大人都怕狗，别说孩子了。
② 你怎么连他都不认识？

## 三、热身练习

### 一 词语练习  1'4"

**1. 朗读词语。**

（1）面对社会　　　　　（2）鲜花盛开
　　 面对生活　　　　　　　风霜雨雪
　　 面对困难　　　　　　　秋高气爽

（3）金婚  　　　　　　　　（4）犯错误
　　银婚  　　　　　　　　　　改正错误
　　钻石婚

**2. 连线，组成短语。**

| | |
|---|---|
| • 保持 | • 争吵 |
| • 犯 | • 协议 |
| • 停息 | • 错误 |
| • 起草 | • 怒火 |
| • 避免 | • 协调 |
| • 平息 | • 安静 |
| • 善于 | • 战争 |

## 二　句子练习　▶ 1'50"

**1. 听句子，判断正误。**

（1）婚姻生活不总是顺利的，也会有不顺利的事情。　　　　（　　）

（2）只有以宽容和忍让的态度对待生活中的矛盾，才能感到幸福。（　　）

（3）当老师的因为做事太认真，所以回到家里都生病了。　　（　　）

（4）夫妻之间很难相处，多学习一些艺术方面的知识会有帮助。（　　）

**2. 听后模仿。**

（1）

（2）

（3）

（4）

## 四、听课文做练习

**课文一** 4'23"

（听前提示：老妈妈为什么总能原谅她的丈夫？）

**听后判断正误。**

（1）老妈妈结婚已经三十年了。　　　　　　　　　　　　　　（　）
（2）老妈妈找出了她丈夫经常犯的10条错误，作为离婚的根据。（　）
（3）老妈妈的丈夫只有10条缺点，所以他们的感情很好。　　　（　）
（4）婚姻生活中有幸福，也有困难。　　　　　　　　　　　　（　）
（5）老妈妈对她丈夫很宽容，因此他们的婚姻很幸福。　　　　（　）

**课文二** 5'47"

（听前提示：1. 这对夫妻为什么经常吵架？他们吵架的方式是什么？2. 他们的关系是怎么改善的？）

**1. 听后选择正确答案。**

① A. 1970年10月　　　　　　B. 1970年1月
　 C. 1971年10月　　　　　　D. 1971年1月　　　　　　（　）

② A. 半个月左右　　　　　　B. 一个月左右
　 C. 一个半月左右　　　　　D. 一年左右　　　　　　　（　）

③ A. 直接指责妻子
　 B. 把妻子犯过的所有错误都再说一遍
　 C. 保持沉默
　 D. 不跟妻子在一起吃饭，在一张床上睡觉　　　　　　（　）

④ A. 丈夫经常犯错误
　 B. 在一些大的问题上，他们之间存在矛盾

C. 两个人的性格差别太大

D. 他们之间感情不太好　　　　　　　　　　　　（　）

**2. 听后填空，并叙述每个段落。**

（1）_____有时候看起来小，但是_____那么简单。有人说夫妻相处_____，希望每一对夫妻_____。

（2）我小的时候，爸爸妈妈也_____，_____的时候，吵一吵架，然后，他们也有_____。但是我们家的冷战之后，还有_____，就是说在_____，再交流一下，这样既_____，又_____。夫妻之间应该这样相处才比较好。

（3）不要不说话，其实你看他们俩也没啥，就是不说话。人活在世界上_____，还要去学外语，你为什么要_____的环境？所以我觉得好多夫妻都是因为不说话，_____。实际上_____，什么事也没有。

（4）我觉得有_____，应该_____，女人需要爱，男人需要关怀，这可以说是两性关系的一种真理。但是怎么爱，_____。另外，哪怕是吵架也是_____。那么怎么去关怀爱人呢？关怀_____，这种分寸不包括_____。当然妒忌也是一种表现爱的方式，但是_____，_____。所以我体会到，_____，这是正常的，在这个过程中，只要是两个人_____，就会非常美好。

# 第四课

## 离婚之后

### 一、生词

| | | | | |
|---|---|---|---|---|
| 1. | 幽默 | yōumò | (形) | humour |
| 2. | 观念 | guānniàn | (名) | concept, idea |
| 3. | 冲击 | chōngjī | (动) | impact |
| 4. | 期望值 | qīwàngzhí | (名) | expectation |
| 5. | 必然 | bìrán | (形、名) | inevitable; necessity |
| 6. | 魅力 | mèilì | (名) | charm |
| 7. | 心理 | xīnlǐ | (名) | psychology |
| 8. | 危机 | wēijī | (名) | crisis |
| 9. | 挫折 | cuòzhé | (名) | setback, reverse |
| 10. | 借鉴 | jièjiàn | (名) | reference |
| 11. | 苦闷 | kǔmèn | (形) | depressed, dejected, feeling low |
| 12. | 下岗 | xiàgǎng | (动) | be laid off |
| 13. | 齐刷刷 | qíshuāshuā | (形) | together, in unison |
| 14. | 敏感 | mǐngǎn | (形) | sensitive |
| 15. | 阴郁 | yīnyù | (形) | gloomy, dismal, depressed |
| 16. | 卷 | juǎn | (动) | sweep off |
| 17. | 劣质 | lièzhì | (形) | of poor quality, of low quality |
| 18. | 泥罐 | níguàn | (名) | clay kettle |
| 19. | 泥潭 | nítán | (名) | mire, morass, quagmire |
| 20. | 刻意 | kèyì | (副) | painstakingly, sedulously |
| 21. | 夸大 | kuādà | (动) | exaggerate |

| 22. | 调整 | tiáozhěng | （动） | adjust, regulate |
| 23. | 发泄 | fāxiè | （动） | give vent to |

## 二、格式与范句

**1** 一旦……就……

用于未然事件。"一旦"是"如果"的意思，一般用于不希望发生的事。"就"引出某种后果。

① 开车一定要注意交通安全，一旦发生交通事故，后果就严重了。

② 生活中要注意防火，一旦发生火灾，损失就大了。

**2** ……尤为……

意思是"特别"，用在形容词前边。

① 对学生来说，学习是尤为重要的。

② 除了注意营养以外，适当的锻炼对你的身体是尤为必要的。

**3** 把……看得很淡（重）

意思是"认为……不重要（很重要）"。

① 他把事业看得很重，把家庭看得很淡。

② 小张把朋友之间的感情看得很重，把金钱看得很淡。

**4** ……仅仅是……不是……也不是……

用于对事物性质的判断，有强调的作用。

① 我和他之间仅仅是普通朋友的关系，不是夫妻，也不是恋人。

② 这件事仅仅是个意外，不是必然的，也不是有人故意做的。

## 三、热身练习

### 一 词语练习 ▶ 1'5"

**1.** 连线，组成短语。

- 道德
- 心理
- 调整
- 刻意
- 心情
- 劣质
- 性格

- 心态
- 夸大
- 苦闷
- 观念
- 危机
- 敏感
- 商品

**2.** 听句子，写出刚学过的生词。

（1）　　　　　　（2）

（3）　　　　　　（4）

（5）　　　　　　（6）

（7）　　　　　　（8）

（9）　　　　　　（10）

### 二 句子练习 ▶ 3'30"

**1.** 听句子，判断正误。

（1）某些人看来，如果结婚以后的情况和婚前想的不一样，就选择离婚。
（　　）

（2）以前的人对婚姻质量的期望很高，现在的人对婚姻的期望更高，所以离婚的人增多了。
（　　）

（3）他虽然有错误，但因为是自己的孩子，他的父母原谅他了。　　（　）

（4）他性格敏感、阴郁，所以常感到压力大，应该去发泄一下。　　（　）

**2. 听后模仿。**

（1）

（2）

（3）

（4）

## 四、听课文做练习

● 课文一 ● 6'7"

（听前提示：目前中国的离婚率是一种什么状况？）

**1. 听后判断正误。**

（1）20世纪80年代初的离婚率高于90年代后期。　　　　　　（　）

（2）1999年到2009年中国离婚率越来越高。　　　　　　　　（　）

（3）以前人们比较重视家庭生活，现代人比较重视社会生活。（　）

（4）20到30岁间离婚的人最多。　　　　　　　　　　　　　（　）

（5）四十多岁的男子最有魅力。　　　　　　　　　　　　　　（　）

**2. 听后填空，并叙述。**

近十年_____，有_____的影响，也有_____带来的冲击。但主要原因是_____发生的变化，使现代人_____的期望值要远远高于_____。一旦_____与_____产生矛盾并且不可调和，离婚就是_____。

## 课文二

（听前提示：1. 离婚后会有什么样的心理？2. 离婚后如何度过心理危机？）

**1. 听后选择正确答案。**

① A. 孩子没说话，高高兴兴地回家了
　 B. 孩子回到家就哭了
　 C. 孩子哭着回家了
　 D. 孩子当时就哭了，可一会儿就好了　　　　　　　　　　（　）

② A. 他六个多月没出门
　 B. 因为离婚，他下岗了
　 C. 邻居们，尤其是妈妈们都特别注意他
　 D. 他长得很帅，所以很快有人注意他　　　　　　　　　　（　）

③ A. 砸泥罐，使自己的心情好一点儿
　 B. 把青春赶走，让自己成熟些
　 C. 多去听音乐，使心情好些
　 D. 除了工作以外，不跟别人接触　　　　　　　　　　　　（　）

④ A. 虽然他们对婚姻不满意，但是夫妻之间还是有感情的
　 B. 离婚后，他们就不能打架了，所以有失落感
　 C. 他们对婚姻很满意，没办法才离婚
　 D. 他们想起以前的婚姻生活很难过　　　　　　　　　　　（　）

**2. 听后填空，并叙述每个段落。**

（1）离婚后要经历什么样的过程？

　　　　离婚后一般都要经历这样一个过程：接受了这样的事实之后再＿＿＿＿＿＿＿＿＿。应该把离婚这事＿＿＿＿＿＿＿＿，因为离婚仅仅是＿＿＿＿＿＿＿，不是＿＿＿＿＿＿＿，也不是＿＿＿＿＿＿＿。

很多人在这种时候都有＿＿＿＿＿＿，把这个事情夸大了，简直＿＿＿＿＿＿。有的人刚开始接受不了，觉得＿＿＿＿＿＿呀、＿＿＿＿＿＿呀，过了这段时间就会发现，并没有失去全部，还有＿＿＿＿＿＿呀……

（2）为什么有的人离婚后还会痛苦？

他们都是对婚姻不满意才离婚的，但毕竟＿＿＿＿＿＿，还是＿＿＿＿＿＿，就是＿＿＿＿＿＿也还是＿＿＿＿＿＿嘛！离开之后就有＿＿＿＿＿＿，有的人＿＿＿＿＿＿，有的人不行，自己要＿＿＿＿＿＿。

（3）离婚以后怎么办？

我觉得离婚之后要做五件事：＿＿＿＿＿＿；然后＿＿＿＿＿＿；还有就是＿＿＿＿＿＿，从家庭走入社会；四是＿＿＿＿＿＿；最后是＿＿＿＿＿＿。

# 第五课

## 长大成人

### 一、生词

| | | | | |
|---|---|---|---|---|
| 1. | 面临 | miànlín | （动） | be faced with |
| 2. | 竞争 | jìngzhēng | （动） | compete |
| 3. | 昼夜 | zhòuyè | （名） | day and night, round the clock |
| 4. | 拼搏 | pīnbó | （动） | go all out in work, try one's best |
| 5. | 焦虑 | jiāolǜ | （形） | extremely anxious, worried |
| 6. | 无缘 | wúyuán | （动） | have no chance or luck (to do sth.) |
| 7. | 应试教育 | yìngshì jiàoyù | | examination-oriented education |
| 8. | 绞尽脑汁 | jiǎo jìn nǎozhī | | rack one's brains; beat one's brains |
| 9. | 束手无策 | shù shǒu wú cè | | be at a loss what to do, feel quite helpless |
| 10. | 措施 | cuòshī | （名） | measure, step |
| 11. | 刺伤 | cìshāng | （动） | sting, hurt deeply |
| 12. | 自尊心 | zìzūnxīn | （名） | self-respect, self-esteem |
| 13. | 抵触 | dǐchù | （动） | resist, oppose |
| 14. | 厌学 | yànxué | （动） | be tired of going to school |
| 15. | 主科 | zhǔkē | （名） | main subject, major course |
| 16. | 懒散 | lǎnsǎn | （形） | sluggish, negligent, indolent |
| 17. | 突破 | tūpò | （动） | break through |
| 18. | 盲目 | mángmù | （形） | blind |
| 19. | 承受 | chéngshòu | （动） | bear, endure |
| 20. | 明智 | míngzhì | （形） | sensible, wise |
| 21. | 恒心 | héngxīn | （名） | perseverance |

| 22. | 掩盖 | yǎngài | (动) | cover, conceal |
| 23. | 放纵 | fàngzòng | (动) | let sb. have his own way, indulge |
| 24. | 晓之以理 | xiǎo zhī yǐ lǐ | | tell the reason to others, to make sb. understand |

## 二、格式与范句

**1　多少**

"多少"不表示询问时，表示数量很多，做定语。

① 这是多少科学家研究了多年的成果啊！

② 为了完成这项工作，多少个昼夜他都没有睡觉。

**2　把……称为……**

比较正式，后面多为具有特定意义的称呼。

① 人们常把抽烟称为"慢性自杀"。

② 中国人把黄河称为"母亲河"。

**3　由……引起**

用于说明或推断事故、疾病等的原因。"由"，介词，引出原因。

① 很多疾病是由吸烟引起的。

② 这场事故是由小张引起的。

**4　……跟……成正比/反比**

用于说明甲乙两个事物之间的关系，甲事物随乙事物的变化而变化。

① 商品的价格应该跟质量成正比。

② 在高山上，气温和高度成反比。

5 并

用在"不"、"没"等否定词前边,强调实际情况和想到的不一样。

① 他只是喜欢她,并不爱她。

② 我并不是不爱吃你做的菜,我已经吃饱了。

## 三、热身练习

### 一 词语练习  1'10"

**1. 朗读词语。**

(1) 苦读
    苦干

(2) 自尊心
    自信心

(3) 昼夜拼搏
    昼夜工作

(4) 面临竞争
    面临困难
    面临机会

(5) 采取措施
    改革措施
    保护措施

(6) 承受压力
    承受能力

(7) 焦虑的心情
    焦虑的表情

(8) 明智的态度
    明智的选择

(9) 抵触的态度
    抵触的心理

**2. 听句子,写出刚学过的生词。**

(1)　　　　　　　　(2)

(3)　　　　　　　　(4)

(5)　　　　　　　　(6)

(7)　　　　　　　　(8)

(9)　　　　　　　　(10)

**3. 连线，组成短语。**

- 面临
- 昼夜
- 心情
- 应试
- 采取
- 刺伤
- 个性
- 抵触
- 承受
- 明智的
- 缺乏
- 掩盖

- 恒心
- 焦虑
- 措施
- 竞争
- 拼搏
- 情绪
- 教育
- 选择
- 错误
- 压力
- 敏感
- 自尊心

## 二 句子练习  5'4"

**1. 听句子，判断正误。**

（1）战争以后，盼望孩子安全回家的父母有多少？ （ ）

（2）大部分士兵不能平安回家见到他们的父母，这是很残酷的。 （ ）

（3）由于交通部门的管理方法不对，造成了停车难的问题。很多买了私人汽车的人想了很多办法，很头疼。 （ ）

（4）听说小华考上了大学，全家都非常高兴。 （ ）

**2. 听后模仿。**

（1）

（2）

（3）

（4）

## 四、听课文做练习

（听前提示：每年6月，对参加高考的学生们来说是个什么日子？）

**1. 听后回答问题。**

（1）考试以前，学生们都在做什么？
（2）每年6月，家长们是什么心情？
（3）人们把6月又称为什么日子？
（4）由高考引起的教育现象是什么？
（5）对考生和家长来说，那个天大的喜讯是什么？

**2. 听后判断正误。**

（1）6月，学生们将面临着自己人生中最后一次考试。（　　）
（2）大部分考生经过考试以后都可以考上自己理想的大学。（　　）
（3）社会各界都认为高考是个选择人才的好办法。（　　）
（4）6月15日到18日，召开了全国科教工作会议。（　　）
（5）教育部将改革现在的高等学校招生考试制度，使考生获得更多的学习机会。（　　）

（听前提示：1. 这个孩子为什么退学？  2. 退学后，这个孩子情况怎么样？）

**1. 听后选择正确答案。**

① A. 初中一年级　　　　B. 初中毕业
　 C. 高中一年级　　　　D. 高中毕业　　　　（　　）

② A. 数学、历史、化学　　B. 数学、物理、化学
　 C. 数学、地理、历史　　D. 数学、地理、化学　（　　）

**3** A. 孩子自己下决心作的决定

　　B. 孩子的父母帮他作的决定

　　C. 因为他表现不好,学校把他开除了

　　D. 孩子的朋友们影响他,因此作出的决定　　　　　　　　　（　）

**4** A. 从退学第二天开始,变得更懒散了

　　B. 退学以后整天待在家里,哪儿也不去,什么也不学

　　C. 从退学开始,他四处求学,学会了很多东西

　　D. 他很后悔退学,希望能回到原来的学校里去　　　　　　　（　）

**2. 听后填空,并叙述每个段落。**

（1）他成绩原来是_____,_____的时候_____

　　　____。这孩子厌学,很可能跟_____,就是_____

　　　____,致使_____。在高一提出退学是因为_____

　　　____。成绩不好,_____。他要是在这种环境里待三年,

　　　_____,这个险_____。

（2）到高一的时候,我自己就_____,母亲把_____交

　　　给了我,其实我_____,因为_____。当时,____

　　　_____。我想不出来_____。

（3）他退学的第二天,_____,以前是_____,现在

　　　_____。他退学以后的经历_____,但始终都____

　　　_____。他_____,现在他会很多东西,像_____

　　　____、_____、_____,关键是_____。

（4）第一,这个妈妈同意孩子退学,是对_____的一种突破,因

　　　为大家总觉得_____,_____。妈妈是_____

长大成人 **5**

_____，孩子就该学习特别好。能_____，我就觉得是_____。第二，这孩子还是有_____的，退学第二天，就像_____。这说明孩子也想好。母亲并不是_____，她了解_____，这很重要。

（5）孩子的选择是明智的。因为第一，他是_____的，完成了_____。第二，他退学是因为_____，没成功的原因好像就是_____，而退学后_____。

（6）我觉得他的选择离目标_____，因为_____，没有_____，没有_____；而家长是在掩盖_____，她根本没去想_____，怎么_____，她不承担_____，放纵孩子。我觉得家长这个时候得_____，从各个方面_____，从_____、_____加以教育，加以引导。

**3.** 根据你听到的这个话题讨论，谈一谈你自己的观点。

（1）你认为这个孩子退学的原因是在学校还是在自己？

（2）如果你是这孩子的父母，你会不会同意他退学？

（3）学校教育重要还是孩子按兴趣学习重要？

# 第六课

## 常回家看看

### 一、生词 ▶ 7"

| | | | | |
|---|---|---|---|---|
| 1. | 空闲 | kòngxián | （形、名） | free; free time |
| 2. | 唠叨 | láodao | （动） | chatterm, nag |
| 3. | 张罗 | zhāngluo | （动） | attend to, get busy about |
| 4. | 图 | tú | （动） | pursue, seek |
| 5. | 捶 | chuí | （动） | pound |
| 6. | 揉 | róu | （动） | rub, knead |
| 7. | 操心 | cāoxīn | （动） | concern, worry about |
| 8. | 奔 | bèn | （动） | be after |
| 9. | 冷落 | lěngluò | （动） | treat coldly, snub |
| 10. | 忽略 | hūlüè | （动） | ignore, neglect |
| 11. | 温馨 | wēnxīn | （形） | warm and cozy |
| 12. | 孤独 | gūdú | （形） | lonely, solitary |
| 13. | 寂寞 | jìmò | （形） | lonely, lonesome |
| 14. | 顶嘴 | dǐngzuǐ | （动） | talk back |
| 15. | 活跃 | huóyuè | （形） | active, dynamic |
| 16. | 参与 | cānyù | （动） | participate in |
| 17. | 闯荡 | chuǎngdàng | （动） | venture out into the world |
| 18. | 事业 | shìyè | （名） | career |
| 19. | 百依百顺 | bǎi yī bǎi shùn | | docile and obedient |

## 二、格式与范句

**1　哪怕**

多用于口语，表示假设和让步。

① 你还是应该多关心父母，哪怕只是打个电话呢。

② 哪怕工作到深夜，他都要抽出点儿时间学习。

**2　多**

副词"多"表示程度高。

① 体育训练对我的学习没有多大影响。

② 我并不想买多高级的轿车。

**3　与……有关**

用于说明或推断事件发生的原因。

① 这种疾病与人的情绪有关。

② 有人认为，青少年犯罪与离婚率上升有关。

**4　由于……原因**

比较正式，用于句子前一部分，表示原因。

① 由于工作原因，我们经常接触。

② 由于身体原因，他提前退休了。

**5　不限于**

用于说明事物存在的数量、范围等，后面常带有数量词语。

① 关于中国画的论述并不限于以上几种。

② 有些名胜古迹的价值是世界性的，并不限于一个国家，一个地区。

## 三、热身练习

### 一 词语练习 ▶ 57"

**1. 朗读词语。**

（1）刷筷子　　　　（2）母亲节　　　　（3）忽略事实
　　 刷盘子　　　　　　 感恩节　　　　　　 忽略家庭

（4）陪同爱人　　　（5）参与活动　　　（6）生活的烦恼
　　 陪同客人　　　　　 参与讨论　　　　　 生活的乐趣

（7）突然病故　　　（8）形成矛盾　　　（9）活跃的人物
　　 突然死亡　　　　　 形成文件　　　　　 活跃的思想
　　 突然消失　　　　　 形成习惯

**2. 听句子，写出刚学过的生词。**

（1）　　　　　　　　（2）

（3）　　　　　　　　（4）

（5）　　　　　　　　（6）

（7）　　　　　　　　（8）

（9）　　　　　　　　（10）

**3. 连线，组成短语。**

（1）
- 生活
- 受到
- 忽略
- 心理
- 张罗

- 家庭
- 对象
- 经历
- 平衡
- 冷落

(2)
- 加强
- 形成
- 达到
- 参与
- 温馨的

- 意识
- 气氛
- 要求
- 沟通
- 矛盾

## 二 句子练习  4'51"

**1. 听后判断正误。**

(1) 对于化肥、农药的价格，农民不太满意。（  ）
(2) 说话人喜欢赶时髦。（  ）
(3) 她觉得自己的病治不好了。（  ）
(4) 说话人主张让农民自己想办法解决问题。（  ）

**2. 听后模仿。**

(1)

(2)

(3)

(4)

## 四、听课文做练习

（听前提示：歌词中说"常回家看看"，回家看谁呢？）

**1. 听后回答问题。**

(1) 歌词中，儿女回家了，谁常常唠叨？
(2) 歌词中，儿女回家了，爸爸做什么？

（3）哪方面的事情，可以跟妈妈说说？

（4）哪方面的事情，可以跟爸爸谈谈？

（5）儿女回家做点儿小事就行，歌词中说，可以做哪些事？

## 2. 听后判断正误。

（1）作者主张年轻的父母应该多抽出一些时间回家看看老人。（ ）

（2）歌词中，儿女回家了，忙着帮妈妈做饭。（ ）

（3）老人希望儿女抽出更多的时间和精力照顾自己。（ ）

（4）"老人不图儿女为家作多大贡献"，意思是老人希望儿女为家里做一些大事儿。（ ）

（5）老人希望全家人团圆、平安。（ ）

### 课文二

（听前提示：1. 母亲节是哪一天？ 2. "原来老头儿活着的时候，我在这个问题上还没有多少意见。"这里，"老头儿"是说话人的什么人？）

## 1. 听后选择正确答案。

① A. 因为父亲突然病故了
   B. 父亲给他的爱、给他的生活乐趣太少了
   C. 父亲冷落了他，忽略了他
   D. 由于工作原因忽略了家庭 （ ）

② A. 丈夫活着的时候，她觉得儿女回家不回家没关系
   B. 丈夫去世以后，她一个人挺孤独，挺寂寞的
   C. 她不希望大女儿回家看自己
   D. 现在她对女儿回家看自己已经不抱什么希望了 （ ）

③ A. 她对爸爸妈妈没有多深的感情
   B. 在家里，她经常跟妈妈顶嘴
   C. 不管妈妈做得对不对，说得对不对，她都接受

D. 有一次，她要帮妈妈洗衣服，妈妈心里很不是滋味　　　　（　）

4　A. 每个母亲都想让她的儿子或者女儿出去闯荡，做大事业
　　B. 人们确实对孩子的关心太多了，对父母的关心太少了
　　C. 父母年纪大了，比孩子更需要照顾和安慰
　　D. 有时候不见得非要回去，有这份心意就行　　　　　　（　）

**2. 听后填空，并叙述每个段落。**

（1）由于＿＿＿＿＿＿＿我经常在外，有时候一年也就是＿＿＿＿＿＿＿＿＿。后来我父亲＿＿＿＿＿＿＿，这个事情＿＿＿＿＿＿＿，尝到了人间什么是痛苦。这个痛苦＿＿＿＿＿＿＿，我觉得我很对不起父母，＿＿＿＿＿＿＿对不起我父亲，我给他的爱，＿＿＿＿＿＿＿太少了，真是＿＿＿＿＿＿＿，＿＿＿＿＿＿＿家庭的那种温馨。

（2）原来老头儿活着的时候，我＿＿＿＿＿＿＿还没有多少意见，生活挺好的。＿＿＿＿＿＿＿以后，我就希望大女儿能＿＿＿＿＿＿＿，跟我说说话啊，毕竟我一个人＿＿＿＿＿＿＿、＿＿＿＿＿＿＿是不是？可是我的大女儿很少回来，所以我＿＿＿＿＿＿＿。

（3）天挺冷，我下班回家五点多钟挺黑的，我就＿＿＿＿＿＿＿，我妈出来给我开门了，我说："妈，明天是星期天我休息，我给你洗衣服吧？"我妈"嘭"的一声＿＿＿＿＿＿＿，说："我洗完了，我明天的衣服都洗完了，不用你洗。"我一看我妈对我挺不高兴的，＿＿＿＿＿＿＿，我说我回来给你洗衣服来了，＿＿＿＿＿＿＿，我骑车子就走了。

（4）我姐姐是个＿＿＿＿＿＿＿，别人家有什么事都找她＿＿＿＿＿＿＿，活动多，可能是＿＿＿＿＿＿＿，时间长了，就容易＿＿＿＿＿＿＿，其实都是＿＿＿＿＿＿＿的小事。

（5）我觉得每个母亲都想＿＿＿＿＿＿出去闯荡成才，做＿＿＿＿＿＿＿，但是做大事业的同时肯定会＿＿＿＿＿＿，就可能＿＿＿＿＿＿"常回家看看"这个要求。

（6）有时候＿＿＿＿＿＿你非要去，这个心意到了，＿＿＿＿＿＿。我觉得应该＿＿＿＿＿＿想一想父母为什么这么想，我们确实对孩子的关心太多了，＿＿＿＿＿＿，所以产生一种很大的＿＿＿＿＿＿。

3. 根据你听到的这个话题讨论，谈一谈你自己的观点。

（1）你觉得儿女是不是应该常回家看看父母？

（2）你认为儿女关心父母有哪些方式？

# 第七课

# 律 师

## 一、生词 ▶ 7"

| | | | | |
|---|---|---|---|---|
| 1. | 脑海 | nǎohǎi | （名） | mind |
| 2. | 官司 | guānsi | （名） | lawsuit |
| 3. | 刑事 | xíngshì | （名） | criminal, penal |
| 4. | 房地产 | fángdìchǎn | （名） | real estate, realty |
| 5. | 金融 | jīnróng | （名） | finance |
| 6. | 证券 | zhèngquàn | （名） | (negotiable) securities |
| 7. | 诉讼 | sùsòng | （动） | lawsuit, litigate |
| 8. | 领域 | lǐngyù | （名） | field, realm |
| 9. | 法制 | fǎzhì | （名） | legal system |
| 10. | 正义 | zhèngyì | （名） | justice, righteousness |
| 11. | 打抱不平 | dǎ bàobùpíng | | defend sb. against an injustice |
| 12. | 出庭 | chūtíng | （动） | appear in court |
| 13. | 诈骗 | zhàpiàn | （动） | defraud, swindle |
| 14. | 开庭 | kāitíng | （动） | open a court session |
| 15. | 法庭 | fǎtíng | （名） | law court, tribunal |
| 16. | 辩护 | biànhù | （动） | speak in defense of |
| 17. | 旁听 | pángtīng | （动） | be present at a meeting as an observer |
| 18. | 淋漓尽致 | línlí jìn zhì | | (of writing or speech) vivid, incisive and thorough |
| 19. | 证据 | zhèngjù | （名） | evidence, proof |
| 20. | 打保票 | dǎ bǎopiào | | pledge, guarantee |

39

| 21. | 冤案 | yuān'àn | （名） | case of injustice |
| 22. | 审理 | shěnlǐ | （动） | (of a law court) hear or try (a case) |
| 23. | 允诺 | yǔnnuò | （动） | assumpsit; make a promise |
| 24. | 自首 | zìshǒu | （动） | (of a criminal) voluntarily surrender oneself, give oneself up (to the police) |
| 25. | 回避 | huíbì | （动） | evade, avoid, sidestep |

## 二、格式与范句

**1** 说到……就想起……
① 说到足球，就想起了世界杯比赛。
② 说到桂林，就想起了那次旅行。

**2** 就……话题
"就"是介词，引出谈论的话题的范围，表示从某方面进行论述。
① 请大家就经济发展的话题谈谈自己的看法。
② 就男女平等的话题，大家展开了激烈的讨论。

**3** 对……负有……义务
① 中国人认为，子女对家长负有赡养的义务。
② 家长对子女负有教育的义务。

## 三、热身练习

**一 词语练习** ▶ 1'17"

听句子，写出刚学过的生词。

(1)　　　　　　(2)

(3)　　　　　　(4)

(5)

## 二 句子练习 ▶ 2'26"

**听写句子，然后朗读。**

(1)

(2)

(3)

(4)

(5)

(6)

## 四、听课文做练习

（听前提示：中国老百姓认为律师工作跟什么有关系？）

**听后判断正误。**

(1) 以前，中国老百姓认为律师就是帮人打刑事官司的职业。　（　）

(2) 律师的业务范围只包括打犯罪的刑事官司和一些民事官司。（　）

(3) 许多非诉讼领域中，律师的业务也越来越广泛。　　　　　（　）

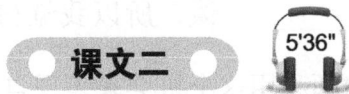

（听前提示：1. 律师在法庭上说话与平时说话的风格是不是一样的？2. 什么是"法律援助"？）

41

**1. 听后选择正确答案。**

① A. 离婚案 　　　　　　　B. 诈骗案
　C. 经济案 　　　　　　　D. 冤案　　　　　　（　）

② A. 面对法庭 　　　　　　B. 面对旁听观众
　C. 面对敌人 　　　　　　D. 面对所有到场的人　（　）

③ A. 可以挣很多钱
　B. 容易出名
　C. 可以发挥自己的水平、作用、能力
　D. 可以帮助老百姓　　　　　　　　　　　　（　）

④ A. 打保票 　　　　　　　B. 事先允诺当事人
　C. 超越法律范围 　　　　D. 拒绝辩护　　　　（　）

**2. 听后填空，并叙述每个段落。**

（1）律师在法庭上应该怎样辩护？

作为律师辩护，他首先是＿＿＿＿＿＿＿，他要能够说服法庭，明白他的意见。同时还有＿＿＿＿＿＿＿。在这个过程中，律师如果根本不顾＿＿＿＿＿＿＿的几十个、上百个，甚至上千个人，光是＿＿＿＿＿＿＿，跟法官在那个地方谈，我觉得这作为＿＿＿＿＿＿＿，效果不是很好的，这是第一点；第二点呢，＿＿＿＿＿＿＿在下面，被告的后面就是＿＿＿＿＿＿＿，所以你在谈某些意见的时候还要对＿＿＿＿＿＿＿谈，所以我觉得这不应该是＿＿＿＿＿＿＿的。但是如果律师利用这个机会来表现自己，我觉得是不对的。

（2）律师在案件中的作用所占的比重有多大？

如果案子本身就是＿＿＿＿＿＿＿，被律师发现了，使这个案件最后_____，律师的作用是_____。如果说这个案件_____，法院就已经_____，可以说_____。这就是说，律师在某个案件中的作用_____。

（3）当事人在案件中有犯罪现象，律师给他辩护吗？

在为_____辩护中，有不同的情况，首先我们的法律是这样要求的，律师对_____，因为律师_____，为被告人辩护，只能做_____的辩护。当事人确实有罪，那么律师可以有几种选择，律师可以_____，也可以_____，同时也可以_____，这几种选择律师都是可以做的。

# 第八课

## 电脑与网络

### 一、生词 7"

| | | | | |
|---|---|---|---|---|
| 1. | 幅度 | fúdù | (名) | extent, range, scope |
| 2. | 教育部 | jiàoyùbù | (名) | Ministry of Education |
| 3. | 揭晓 | jiēxiǎo | (动) | announce, make known |
| 4. | 趋势 | qūshì | (名) | trend, tendency |
| 5. | 阶层 | jiēcéng | (名) | (social) stratum |
| 6. | 发烧友 | fāshāoyǒu | (名) | fan |
| 7. | 网络 | wǎngluò | (名) | the Internet |
| 8. | 普及 | pǔjí | (动) | popularize |
| 9. | 添置 | tiānzhì | (动) | add to one's possessions, buy |
| 10. | 工薪族 | gōngxīnzú | (名) | salary-earners |
| 11. | 观望 | guānwàng | (动) | look on, wait and see |
| 12. | 困扰 | kùnrǎo | (动) | haunt, harass |
| 13. | 促销 | cùxiāo | (动) | promote sales |
| 14. | 手段 | shǒuduàn | (名) | means, method |
| 15. | 配置 | pèizhì | (动) | allocate, equip |
| 16. | 推动 | tuīdòng | (动) | impel, push forword, promote |
| 17. | 刺激 | cìjī | (动) | stimulate |
| 18. | 自动化 | zìdònghuà | (动) | automation |
| 19. | 咨询 | zīxún | (动) | seek advice (from sb.), consult |
| 20. | 快捷 | kuàijié | (形) | fast |
| 21. | 下载 | xiàzài | (动) | download (a file from the Internet) |
| 22. | 负担 | fùdān | (动) | afford |

| | | | | |
|---|---|---|---|---|
| 23. | 踏实 | tāshi | （形） | at peace, free from anxiety |
| 24. | 配送公司 | pèisòng gōngsī | | delivery company |

## 二、格式与范句

**1** 由……V

"由"，介词，引出动作的实施者。

① 这次旅行是由旅行社组织的。

② 这项工作由你负责。

**2** 给……以……

意思相当于"给"，"以"没有实在意义。比较正式。

① 那个地方总给人以神秘的感觉。

② 他的作品能给人以向上的力量。

**3** 一V再V

表示一个动作、行为反复发生。

① 你千万不能一错再错。

② 这笔欠款你们公司不能一拖再拖。

**4** 相当于

表示两方面差不多（多指数量、价值、条件等），"于"有时也可以省去。

① 一美元相当于六元多人民币。

② 这台电视机3000块钱，相当于我一个月的工资。

**5** 被……所接受

① 这种观念逐渐被大多数人所接受。

② 你的做法不会被公司的同事所接受。

## 三、热身练习

### 一 词语练习 ▶ 1'9"

**1. 朗读词语。**

（1）工薪族　　　　（2）普及率　　　　（3）信息化
　　追星族　　　　　　增长率　　　　　　自动化

（4）降价幅度　　　（5）促销手段　　　（6）发传真
　　增长幅度　　　　　竞争手段　　　　　发电子邮件

（7）联合组织　　　（8）下载资料　　　（9）超前消费
　　联合开发　　　　　下载图片　　　　　消费观念
　　联合经营　　　　　下载文件

**2. 听句子，写出刚学过的生词。**

（1）　　　　　　　　（2）

（3）　　　　　　　　（4）

（5）　　　　　　　　（6）

（7）　　　　　　　　（8）

（9）　　　　　　　　（10）

**3. 连线，组成短语。**

（1）
- 装
- 在职
- 订购
- 办公
- 信息

- 商品
- 咨询
- 自动化
- 电话
- 培训

(2)
- 普及
- 商品
- 工薪
- 心理
- 添置
- 问卷

- 平衡
- 调查
- 电脑
- 促销
- 阶层
- 家具

**二 句子练习**  4'53"

1. 听句子，判断正误。

（1）现在有些家用电器越来越便宜，有损顾客的利益。（  ）

（2）现在许多年轻人同意超前消费的做法。（  ）

（3）最近一项调查告诉我们：很多人上网主要是为了收发电子邮件。（  ）

（4）通过互联网可以认识世界各地的朋友，别人可以通过互联网帮助你。

（  ）

2. 听后模仿。

（1）

（2）

（3）

（4）

**四、听课文做练习**

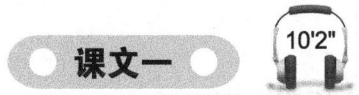

（听前提示：这次调查活动是采取什么方式进行的？）

**1. 听后判断正误。**

（1）在相同的时间内，电脑比其他产品降价速度快。　　　　（　）

（2）这次调查活动是由国家教委和电脑公司联合组织的。　　（　）

（3）调查结果表明，全国80%以上的家庭想购买家用电脑。　（　）

（4）大部分的用户希望家用电脑的价格不高于4000元。　　（　）

（5）当前用户使用的电脑大多是国际名牌电脑。　　　　　　（　）

**2. 听后回答问题。**

（1）目前世界上发展速度最快、降价幅度最大的产品是什么？

（2）这次调查活动是由哪两家单位联合组织的？

（3）调查活动表明，78%的用户希望家用电脑的价格在多少元以内？

（4）什么样的人会选择国际名牌电脑？

（5）普通百姓选择什么样的电脑？

（听前提示：1. 为什么在中国电脑的普及率比较低？2. 人们为什么不买名牌电脑？）

**1. 听后选择正确答案。**

① A. 买彩电、洗衣机、电冰箱；盖房、买化肥、添置农具；买电脑；装电话

　B. 买电脑；买彩电、洗衣机、电冰箱；盖房、买化肥、添置农具；装电话

　C. 盖房、买化肥、添置农具；买彩电、洗衣机、电冰箱；装电话；买电脑

　D. 买彩电、洗衣机、电冰箱；盖房、买化肥、添置农具；装电话；买电脑

　　　　　　　　　　　　　　　　　　　　　　　　　　　（　）

② A. 国际名牌电脑的用途不广泛

　B. 与国产品牌机和组装机相比，价格太高了

C. 国际名牌电脑的售后服务不太好
D. 国际名牌电脑从来不降价　　　　　　　　　　　（　）

③ A. 写文章、玩游戏、辅导孩子学习、管理家庭财务
B. 上因特网查询信息、发电子邮件、办公自动化
C. IP 电话、网上搜索、网上购物
D. 网上银行、网上炒股、网上比赛　　　　　　　　（　）

④ A. 电脑的价格还会下降，市场促销手段也会增多
B. 信息化时代会刺激用户购买家用电脑的欲望
C. 超前消费的观念不被消费者所接受
D. 经济增长迅速，个人收入增多　　　　　　　　　（　）

**2. 听后填空，并叙述每个段落。**

（1）与发达国家相比，现在中国电脑的普及率＿＿＿＿＿＿＿，＿＿＿＿＿＿＿＿＿＿＿农村。中国有 13 亿人口，＿＿＿＿＿＿＿10 亿是农民，他们的存款大部分是＿＿＿＿＿＿＿盖房、买化肥、＿＿＿＿＿＿＿农具用的，还有一些农民的存款是用来买彩电、洗衣机、电冰箱等＿＿＿＿＿＿＿的，即使这些＿＿＿＿＿＿＿，还等着装电话呢。在农村普及电脑还＿＿＿＿＿＿＿。

（2）大部分"工薪族"每个月的实际收入＿＿＿＿＿＿＿只有三四千元，一台名牌电脑的实际价格在＿＿＿＿＿＿＿。买一台名牌电脑，要花掉＿＿＿＿＿＿＿月的收入，我想，人们心理上肯定会＿＿＿＿＿＿＿。一项调查表明，大多数的用户希望家用电脑价格＿＿＿＿＿＿＿。4000 元人民币，＿＿＿＿＿＿＿600 美元，目前名牌电脑＿＿＿＿＿＿＿也做不到这样的价格，这就影响了名牌电脑在中国市场的发展。

（3）家用电脑市场升温的原因有很多，一是电脑的价格还会＿＿＿＿＿＿，市场促销手段也会＿＿＿＿＿＿；二是经济增长迅速，人民生活水平不断提高，＿＿＿＿＿＿增多；三，＿＿＿＿＿＿的观念正在被某些消费者所接受；四，全球信息化时代的到来会对家用电脑市场＿＿＿＿＿＿，刺激用户购买家用电脑的欲望。

（4）我家有电脑，可是＿＿＿＿＿＿没有上网。我听说很多用户上网是为了＿＿＿＿＿＿。我外地的朋友不多，平时也用不着从网上＿＿＿＿＿＿，再说，上网费那么贵，经济上＿＿＿＿＿＿。

（5）网上商店的东西非常＿＿＿＿＿＿。去商场买东西需要出门，需要＿＿＿＿＿＿，还会赶上＿＿＿＿＿＿。你在网上订购了某种商品，＿＿＿＿＿＿，配送公司都会给你送到家，快捷、＿＿＿＿＿＿、＿＿＿＿＿＿。百货商店都有＿＿＿＿＿＿，而网上商店一天24小时＿＿＿＿＿＿都在营业，只要你有＿＿＿＿＿＿，马上就可以＿＿＿＿＿＿它，非常方便。

**3. 根据你听到的这个话题讨论，谈一谈你自己的观点。**

（1）如果买电脑，你选择买国际名牌电脑还是买电脑配件自己组装？

（2）你觉得上网最大的用途是什么？

（3）你喜欢网上购物还是传统的购物方式？

# 第九课

## 医生与病人

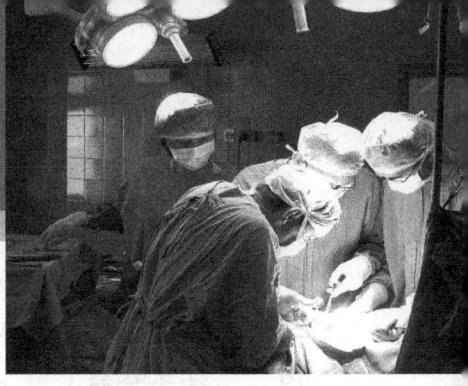

### 一、生词 ▶ 7"

| | | | | |
|---|---|---|---|---|
| 1. | 充当 | chōngdāng | (动) | serve as, act as |
| 2. | 热衷 | rèzhōng | (动) | be deeply interested in |
| 3. | 物色 | wùsè | (动) | look for |
| 4. | 精力不济 | jīnglì bú jì | | undynamic |
| 5. | 折扣 | zhékòu | (名) | discount |
| 6. | 有鉴于此 | yǒu jiàn yú cǐ | | because of this, in view of this |
| 7. | 听任 | tīngrèn | (动) | let (sb. do as he pleases) |
| 8. | 滋长 | zīzhǎng | (动) | (of mood, atmosphere, etc.) develop, grow |
| 9. | 正视 | zhèngshì | (动) | face up to, face squarely |
| 10. | 纳入 | nàrù | (动) | bring into |
| 11. | 五谷杂粮 | wǔ gǔ zá liáng | | various grains |
| 12. | 患者 | huànzhě | (名) | patient, someone who suffers from an illness |
| 13. | 剖腹产 | pōufùchǎn | (名) | caesarean birth |
| 14. | 转移 | zhuǎnyí | (动) | distract |
| 15. | 轻音乐 | qīngyīnyuè | (名) | light music |
| 16. | 决策 | juécè | (名) | decision |
| 17. | 并发症 | bìngfāzhèng | (名) | complication |
| 18. | 回扣 | huíkòu | (名) | kickback, commission |
| 19. | 用心良苦 | yòng xīn liáng kǔ | | have thought over the matter really hard |

51

| 20. | 把握 | bǎwò | (动、名) | be dead sure (of sth.); certainty |
| 21. | 冤枉 | yuānwang | (动、形) | treat unjustly; unfair |
| 22. | 委屈 | wěiqu | (动、名) | wrong (sb.); grievance |
| 23. | 疲于奔命 | pí yú bēn mìng | | be tired out by too much running around |
| 24. | 体制 | tǐzhì | (名) | system |

## 二、格式与范句

**1** 继……之后

在某个行动以后。多用于表示时间。

① 继亚洲杯之后，北京又成功举办了"世界杯"比赛。

② 继《生活》之后，这家出版社又推出了一批新书。

**2** 处于

在某种地位或状态。

① 因为洪水泛滥，整个城市处于紧急状态。

② 这个城市的物价在全国处于较低水平。

**3** 尽管……还是……

前一个分句是已成事实，表示让步，后一个分句表示转折。

① 尽管我打了好几次电话，还是没有找到他。

② 尽管跟他说了半天，他还是想不通。

**4** 跟……打交道

用于口语，表示跟某人接触或交往。

① 跟他那种人打交道，你得小心点儿。

② 他在商店工作，每天跟各种各样的顾客打交道。

## 三、热身练习

### 一　词语练习　▶ 1'20"

**1. 朗读词语。**

（1）雇保姆　　　　（2）神圣感　　　　（3）手术室
　　雇工人　　　　　　羞耻感　　　　　　休息室

（4）进入角色　　　（5）发表看法　　　（6）分散精力
　　进入状态　　　　　发表意见　　　　　分散注意力

（7）特殊的情况　　（8）服务态度　　　（9）药品质量
　　特殊的待遇　　　　学习态度　　　　　产品质量
　　特殊的方法　　　　工作态度　　　　　服务质量

**2. 听句子，写出刚学过的生词。**

（1）　　　　　　　　（2）

（3）　　　　　　　　（4）

（5）　　　　　　　　（6）

（7）　　　　　　　　（8）

（9）　　　　　　　　（10）

**3. 连线，组成短语。**

（1）
- 制定
- 做
- 转移
- 拿
- 保健

- 回扣
- 手术
- 医生
- 政策
- 注意力

（2）
- 物色
- 精神
- 聘
- 负
- 打

- 负担
- 折扣
- 对象
- 责任
- 家庭教师

## 二 句子练习 4'56"

**1. 听句子，判断正误。**

（1）吸毒会引发肝炎、肺炎、气管炎等疾病。（　）

（2）他身体状况非常好。（　）

（3）警察有时候会把坏人当做好人。（　）

（4）有时候，虽然多开了药，可是医生并不知道能不能治好病。（　）

**2. 听后模仿。**

（1）

（2）

（3）

（4）

## 四、听课文做练习

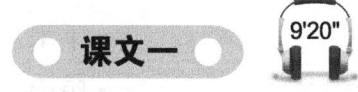

（听前提示：继聘家庭教师、雇保姆之后，上海又出现了一种什么现象？）

**1. 听后回答问题。**

（1）有些医生，四处托人物色对象。这里的"对象"指什么人？

（2）"脚踏两只船"在课文里指什么？

**2. 听后判断正误。**

（1）充当私人保健医生会分散工作精力。　　　　　　　　　　（　）

（2）已经当上私人保健医生的人工作受到了不同程度的影响。　（　）

（3）社会不需要私人保健医生。　　　　　　　　　　　　　　（　）

（4）作者认为，应该听任私人保健医生这种现象自由发展。　　（　）

（5）作者认为，应该禁止医务人员充当私人保健医生。　　　　（　）

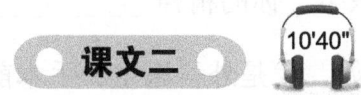

（听前提示：1. 这位患者主要是因为什么对医生不满意？2."小病大治"在这里是什么意思？）

**1. 听后选择正确答案。**

① A. 医院有规定工作时间不能聊天儿

　　B. 医院有规定，给病人动手术的时候不能聊天儿

　　C. 有时候，医生是为了转移病人的注意力才聊天儿的

　　D. 医院有规定，工作时间可以聊天儿　　　　　　　　　　（　）

② A. 医生工作强度大，待遇低

　　B. 医学院的毕业生都选择从事医生这一职业

　　C. 很多医生心理不平衡，有怨言

　　D. 认真的医生经常处于一种高度紧张状态　　　　　　　　（　）

③ A. 有的医生在卖药的时候拿回扣

　　B. 很多医学院的毕业生，不是当医生，而是去经商

　　C. 一点儿小病医生就给病人开一大堆药，小病大治

　　D. 有的医生在看病的时候收红包　　　　　　　　　　　　（　）

④ A. 装备在救护车上

　　B. 昼夜为患者服务，随叫随到

C. 病人去流动医院看病非常方便

D. 先治病，后收费 （  ）

**2. 听后填空，并叙述每个段落。**

（1）很多医生_____工作强度大、_____，心理不平衡，而且这种现象_____。现在很多医学院的毕业生，不是当医生，_____，已经很说明问题了。

（2）如果你认真做医生，你的精神_____就很大，经常处于_____。比如，我是外科医生，手术前我要为病人_____，手术中间我要做好，手术后我要考虑病人的_____，还要考虑会不会_____。

（3）回扣就是_____找到医生，请医生用他的药，然后药商_____医生开的_____，给予一定的_____。因为我从来不开处方，所以我也没_____。

（4）小病大治有几个方面的原因，一方面是刚才说的回扣，这个现象_____。第二方面，这跟医生本人的水平也_____，医生有时候没有_____，宁肯多开一些药，他觉得_____。第三方面，是_____病人的心理，有的病人认为医生不多开一点儿药，不开一些贵的药，就是没有给他_____。还有一点，医院用药越贵，_____。

（5）大夫中有聊天儿、打毛衣的，但是_____还是大多数。在过去诊病的过程中，患者也有_____、冤枉护士，让他们_____的时候。而且现在有的城市出现了装备在救护车上的_____

_____，随叫随到，昼夜_____，还实行先治病，\_\_\_\_
_____，确实方便多了。

**3.** 根据你听到的这个话题讨论，谈一谈你自己的观点。

（1）你认为医生在工作时间能不能聊天儿？

（2）你认为医生采用什么方式来转移病人的注意力比较好？

（3）有的医生小病大治，你能不能理解？

# 第十课

## 球迷侃球

### 一、生词 7"

| | | | | |
|---|---|---|---|---|
| 1. | 决赛 | juésài | （名） | finals |
| 2. | 资格 | zīgé | （名） | qualifications |
| 3. | 起源 | qǐyuán | （名、动） | origin; originate |
| 4. | 器材 | qìcái | （名） | equipment |
| 5. | 出线 | chūxiàn | （动） | (of athletes) become qualified for the next round of competition in a sports meet |
| 6. | 刻骨铭心 | kè gǔ míng xīn | | remember to the end of one's life |
| 7. | 氛围 | fēnwéi | （名） | atmosphere |
| 8. | 舆论 | yúlùn | （名） | public opinion, public voice |
| 9. | 煽风点火 | shān fēng diǎn huǒ | | fan the flames, inflame and agitate people, stir up trouble |
| 10. | 红火 | hónghuo | （形） | prosperous |
| 11. | 飞跃 | fēiyuè | （动） | leap |
| 12. | 素养 | sùyǎng | （名） | level of (artistic, educational, etc.) attainment |
| 13. | 有勇无谋 | yǒu yǒng wú móu | | be bold but not resourceful |
| 14. | 悟性 | wùxìng | （名） | power of understanding, comprehension |
| 15. | 后备 | hòubèi | （形） | reserve |
| 16. | 中超联赛 | Zhōngchāo Liánsài | （专名） | China Super League |
| 17. | 一味 | yíwèi | （副） | merely |

| 18. | 名誉 | míngyù | （名） | fame, reputation |
| 19. | 借鸡下蛋 | jiè jī xià dàn | | get eggs by borrowing the hen — achieve one's purpose through the agency of sb. else |
| 20. | 过激 | guòjī | （形） | exceedingly drastic, radical |
| 21. | 恐怖 | kǒngbù | （形） | terrifying, horrible |
| 22. | 荣辱兴衰 | róngrǔ xīngshuāi | | honor or disgrace, prosperity or decline |
| 23. | 苛求 | kēqiú | （动） | make excessive demands |
| 24. | 赋予 | fùyǔ | （动） | endow |
| 25. | 嫌疑 | xiányí | （名） | suspicion |
| 26. | 火爆 | huǒbào | （形） | bustling, exciting, lively |
| 27. | 体能 | tǐnéng | （名） | physical strength, stamina |

## 二、格式与范句

**1** 以……为……

把……作为……，比较正式。

① 我们这次活动以培养学生的自立能力为主。

② 我们举行了一次以"和平"为主题的纪念活动。

**2** 时不时

副词，用于口语，表示动作行为有间隔地发生，和"常常"意思相近。

① 退休以后，她还时不时到学校走走。

② 在病房里，他时不时跟病友开几句玩笑。

**3** 不失为

还可以算是。

① 把体育比赛跟商业活动结合起来，不失为一条好的出路。

② 请外籍教练，在目前情况下，不失为一种办法。

**4** 一V就是……

用于表示数量大或时间长。

① 她喜欢逛商场，一逛就是大半天。

② 他经常买书，有时候一买就是五六本。

**5** 尚未

书面语，意思是"还没有"。

① 公司至今尚未决定是否继续投资。

② 从市场情况看，京剧艺术尚未走出低谷。

## 三、热身练习

### 一 词语练习  1'25"

**1. 朗读词语。**

(1) 外围赛　　　　(2) 俱乐部　　　　(3) 承受压力
　　友谊赛　　　　　　餐饮部　　　　　　承受痛苦

(4) 后备力量　　　(5) 取得资格　　　(6) 训练手段
　　后备人才　　　　　取得证书　　　　　实验手段

(7) 应变能力　　　(8) 一味加码　　　(9) 有待提高
　　比赛能力　　　　　一味埋怨　　　　　有待改善
　　工作能力　　　　　一味等待

**2. 听句子，写出刚学过的生词。**

(1)　　　　　　　　(2)

(3)　　　　　　　　(4)

(5)　　　　　　　　(6)

(7)　　　　　　　　(8)

(9)　　　　　　　　(10)

**3. 连线，组成短语。**

(1)
- 获得
- 重大
- 讲究
- 过激
- 投入
- 进入

- 行为
- 情感
- 状态
- 比赛
- 速度
- 冠军

(2)
- 竞争
- 悟性
- 缺乏
- 指挥
- 人员
- 注重

- 比赛
- 伤亡
- 技巧
- 意识
- 差
- 经验

## 二 句子练习 5'11"

**1. 听句子，判断正误。**

(1) 在农村，人们具有很强的法律意识。　　　　　　　　　　　　（　）

(2) 德国最早开展了街头足球运动。　　　　　　　　　　　　　　（　）

(3) 在最后一场比赛中，他故意冲撞对手。　　　　　　　　　　　（　）

(4) 现在排球运动的情况仍然不太好。　　　　　　　　　　　　　（　）

**2. 听后模仿。**

(1)

(2)

(3)

(4)

## 四、听课文做练习

(听前提示:街头足球是什么?)

**1. 听后回答问题。**

(1) 在北京举行的街头足球赛,哪个队获得了冠军?

(2) 街头足球起源于哪个国家?

(3) 街头足球赛一个队上场几名队员?有没有守门员?

**2. 听后判断正误。**

(1) 街头足球赛的场地比一般的足球场地小。　　　　　　　　(　　)

(2) 街头足球起源于德国,讲究速度,注重力量。　　　　　　(　　)

(3) 街头足球对场地和器材要求很严格。　　　　　　　　　　(　　)

(4) 街头足球比赛的规则与一般室外足球基本相同。　　　　　(　　)

(5) 中国人多场地少,十分适合开展这项运动。　　　　　　　(　　)

(听前提示:1. 中国国家男子足球队有没有参加过世界杯决赛?2. 中国职业足球运动员文化水平怎么样?)

**1. 听后判断正误。**

(1) 球迷喜欢中国足球,因为中国足球带给他们很多欢乐。　　(　　)

(2) 中国足球至今尚未成为世界强队,是因为新闻舆论不够重视。(　　)

(3) 中国球员的文化水平和职业素养有待提高。　　　　　　　(　　)

**2. 听后选择正确答案。**

① A. 体委领导很重视中国足球

　　B. 球迷非常支持中国足球

C. 在排球、篮球、足球三大球中，中国足球最早成为世界强队

D. 中国足球已经实行了职业化的俱乐部联赛 （　）

② A. 重视文化学习，忽视了专业训练

B. 重视专业训练，忽视了文化学习

C. 专业训练和文化学习都不重视

D. 专业训练和文化学习都很重视 （　）

③ A. 应该多用中国教练，因为中国教练在管理球员上有经验

B. 中国教练了解中国足球的现状，容易与队员沟通

C. 中国教练在足球场上的应变能力不强

D. 外籍教练具有先进的理论和训练手段 （　）

④ A. 训练思想和训练手段相对比较落后

B. 球员的文化水平和职业素养有待提高

C. 俱乐部管理上存在许多问题

D. 在后备力量的培养上不够重视 （　）

**3. 听后填空，并叙述每个段落。**

（1）坦率地说，我比较喜欢_____，对大多数_____没有兴趣，但是对足球特别_____。1981 年，中国队第一次冲击世界杯，_____，我们都认为是_____不好，不是我们水平不行，信心十足地等着_____。

（2）我从小就喜欢足球，不仅爱看，_____，在我们那个城市，根本没有_____的机会，只能看电视。遇到重大比赛，常常_____，不到终场哨响_____。2002 世界杯，很多球迷去了现场，去的时候_____，回来的时候_____，一连几天_____特别差。

（3）中国足球在整体实力、训练、_____的管理这三个基本方面，

并没有质的飞跃。职业化是一条出路，但＿＿＿＿＿＿解决足球难题的"＿＿＿＿＿＿"。实行职业化足球联赛已经十几年了，中国足球的水平到底提高了多少？在＿＿＿＿＿＿和管理上，我们还存在着许多问题，训练思想和＿＿＿＿＿＿相对＿＿＿＿＿＿，更谈不上创新了。

（4）中国教练了解＿＿＿＿＿＿，容易与队员＿＿＿＿＿＿，但是在足球场上的应变能力＿＿＿＿＿＿，缺乏指挥重大比赛的＿＿＿＿＿＿。在使用队员上往往求稳，＿＿＿＿＿＿名誉和地位，一切＿＿＿＿＿＿。请外籍教练，＿＿＿＿＿＿，不失为一个好办法。

（5）在我的印象中，球迷闹事造成＿＿＿＿＿＿的情况每年都会发生。有些球迷在自己喜爱的球队输球后，为了发泄而出现＿＿＿＿＿＿，如烧毁垃圾箱、砸毁汽车等，＿＿＿＿＿＿，所以我从来没想过做一个球迷。

（6）前几年比赛时，观众席上＿＿＿＿＿＿，场上球员懒洋洋地踢球，跑不动也＿＿＿＿＿＿，时不时还有＿＿＿＿＿＿的嫌疑。如今，中超联赛火爆的场面不必多说，球员的＿＿＿＿＿＿、＿＿＿＿＿＿都有了很大程度的提高，中国足球一定能成为世界强队，这只是＿＿＿＿＿＿。

**4. 根据你听到的这个话题讨论，谈一谈你自己的观点。**

（1）你认为球员的文化水平同球队的成绩有联系吗？
（2）你认为是否应该把足球同国家的荣誉联系起来？
（3）你怎么看待请外籍教练这个问题？

# 第十一课

## 农民信科学

### 一、生词

| | | | | |
|---|---|---|---|---|
| 1. | 公关 | gōngguān | (名) | public relations |
| 2. | 浓郁 | nóngyù | (形) | (of fragrance, flavor, etc.) strong, rich |
| 3. | 气息 | qìxī | (名) | flavor |
| 4. | 一目了然 | yí mù liǎorán | | be clear at a glance |
| 5. | 标榜 | biāobǎng | (动) | brag about, flaunt, parade |
| 6. | 信誉 | xìnyù | (名) | reputation |
| 7. | 景气 | jǐngqì | (形) | booming, prosperous |
| 8. | 算命 | suànmìng | (动) | tell fortune |
| 9. | 正经 | zhèngjing | (形) | decent, proper, right |
| 10. | 填补 | tiánbǔ | (动) | fill what is left vacant |
| 11. | 巧合 | qiǎohé | (名) | coincidence |
| 12. | 迷信 | míxìn | (名、动) | superstition; have a superstitious belief in |
| 13. | 风调雨顺 | fēng tiáo yǔ shùn | | favorable weather (for crops) |
| 14. | 管用 | guǎnyòng | (形) | effective, useful |
| 15. | 储备 | chǔbèi | (动) | store, reserve |
| 16. | 地瓜 | dìguā | (名) | sweet potato |
| 17. | 洗手不干 | xǐ shǒu bú gàn | | wash one's hands of sth., hang up one's axe |
| 18. | 资料 | zīliào | (名) | data, information |
| 19. | 养殖 | yǎngzhí | (动) | breed or raise |

| 20. | 包 | bāo | （动） | contract (to do sth.) |
| 21. | 顶 | dǐng | （动） | equal, be equivalent to |
| 22. | 愈演愈烈 | yù yǎn yù liè | | become increasingly intense |
| 23. | 愚昧 | yúmèi | （形） | ignorant, foolish |
| 24. | 划算 | huásuàn | （形） | worthwhile |

## 二、格式与范句

**1** 把……V给……

"给"，用于引出动作的对象。

① 把那本书递给我。

② 我把做这道菜的方法介绍给大家。

**2** 不尽相同

不完全一样。比较正式。

① 虽然两份合同的细节不尽相同，但主要内容是一致的。

② 两个老师都是北京师范大学毕业的，但教学方法不尽相同。

**3** 一到……就……

表示每到某个时候，都会有同样的结果跟着发生。

① 她一到正式比赛就紧张。

② 一到阴雨天，他的腿就疼。

**4** 搞砸

习惯用语，意思是事情失败了，没有成功。"砸"是结果补语。

① 他把事情搞砸了。

② 你第一次做生意，搞砸了没关系。

**5** 有……的趋势

表示有某种倾向。

① 青年人结婚，在物质上有淡化的趋势。

② 由于生活水平的提高，家庭对轿车的需求有增长的趋势。

## 三、热身练习

### 一 词语练习  1'14"

**1.** 朗读词语。

（1）名片热　　　　（2）农产品　　　　（3）消费者
　　出国热　　　　　　纺织品　　　　　　旅游者

（4）自我标榜　　　（5）良好的信誉　　（6）技术书籍
　　自我批评　　　　　良好的形象　　　　专业书籍

（7）科学养殖　　　（8）举行典礼　　　（9）市场意识
　　科学种田　　　　　主持典礼　　　　　商品意识
　　科学致富　　　　　参加典礼

**2.** 听句子，写出刚学过的生词。

（1）　　　　　　　（2）

（3）　　　　　　　（4）

（5）　　　　　　　（6）

（7）　　　　　　　（8）

（9）　　　　　　　（10）

**3.** 连线，组成短语。

（1）
- 营养
- 挖
- 引进
- 相信
- 偏远的

- 科学
- 农村
- 新品种
- 成分
- 野菜

(2)
- 减轻
- 受到
- 经济
- 储备
- 自我

- 效益
- 粮食
- 打击
- 标榜
- 负担

## 二 句子练习 ▶ 5'30"

**1. 听句子，判断正误。**

(1) 老梁给人算命那段时间，家境不太好。　　　　　　　　　　(　)

(2) 以前赌博总输，后来在亲友们的劝说下，他决定每天洗洗手。(　)

(3) 有一次他没有把事情办好。　　　　　　　　　　　　　　　(　)

(4) 有一次下雨，房子漏了。　　　　　　　　　　　　　　　　(　)

**2. 听后模仿。**

(1)

(2)

(3)

(4)

## 四、听课文做练习

### 课文一　🎧 10'14"

（听前提示：春节刚过，这个地区出现了一种什么现象？）

**1. 听后判断正误。**

(1) 这股农民的"名片热"在历史上也曾出现过。　　　　　　　(　)

（2）农民一边推销产品，一边把名片送给消费者。　　　（　）

（3）农民使用名片是一种公关促销手段。　　　　　　　（　）

（4）农民的这种名片与普通人的名片完全不同。　　　　（　）

（5）农民使用名片的目的是为了在消费者中建立良好的信誉。（　）

**2. 听后回答问题或完成句子。**

（1）在哪些地方可以看到农民使用名片？

（2）农民使用名片被认为是一种＿＿＿＿＿＿＿＿＿＿＿＿＿＿。

（3）农民的这种名片散发着＿＿＿＿＿＿＿＿＿＿＿＿＿＿＿。

（4）农民的这种名片与普通名片有什么不同？

（5）农民使用名片的目的是什么？

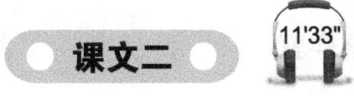

（听前提示：1. 过去农民算命、求神拜佛是因为什么？2. 现在的农民是靠什么富起来的？）

**1. 听后选择正确答案。**

① A. 他的爱人得了胃癌，家境不太好
　B. 当时没有正经事可做
　C. 朋友、亲戚、周围的人都相信他，觉得他算得准
　D. 生活没有来源，想借算命挣点儿钱　　　　　　　　（　）

② A. 因为风调雨顺，所以烧香拜佛感谢上天
　B. 烧香拜佛以后，每年都能多收粮食
　C. 年年烧香，收的粮食还是不够吃
　D. 烧香拜佛看起来很管用　　　　　　　　　　　　　（　）

③ A. 养奶牛的经济效益很好，一年就是好几万
　B. 妻子和孩子都不赞成他养奶牛
　C. 养奶牛以后，没有人来找他算命了

D. 老梁一边养奶牛，一边给人算命　　　　　　　　（　　）

**4** A. 他家有六十多亩责任田，他都种上了桃树

B. 他把责任田包给农民，农民每年给他两季粮食

C. 老百姓开始把责任田包给他的时候，很高兴

D. 他包了农民六十多亩地种桃树，后来又引进了新品种　　（　　）

## 2. 听后填空，并叙述每个段落。

（1）刚开始我只给朋友、亲戚、＿＿＿＿＿＿＿＿算。后来有一次，邻居家一个闺女结婚，问我＿＿＿＿＿＿，我就对他讲这个亲事不太好，＿＿＿＿＿＿。没想到＿＿＿＿＿以前，这个小伙子突然＿＿＿＿＿。好像我算得＿＿＿＿＿，其实我原来只是＿＿＿＿＿，但是这样就＿＿＿＿＿。附近村里都知道我会算命了。

（2）以前逢年过节我们都＿＿＿＿＿，意思是祈求老天＿＿＿＿＿，＿＿＿＿＿。特别是大年初一到初三，或者十五，或者八月节，都要＿＿＿＿＿，＿＿＿＿＿，农村人叫敬天。看起来是＿＿＿＿＿，那个时候年年烧香，收的粮食＿＿＿＿＿。还得＿＿＿＿＿一些地瓜、萝卜，挖一些野菜＿＿＿＿＿，到冬天当菜吃。

（3）妻子和孩子都不＿＿＿＿＿我给人算命。他们买回来＿＿＿＿＿，有果树修剪、养蛇、养青蛙什么的，我自己也＿＿＿＿＿，最后就＿＿＿＿＿养奶牛这一项了。鲜牛奶的营养成分特别高，养奶牛的＿＿＿＿＿很好，＿＿＿＿＿。现在找我算命的人还有，我都客客气气地＿＿＿＿＿了。现在我给人宣传＿＿＿＿＿，很受欢迎。

（4）我想＿＿＿＿＿＿，发展种植，可是我没有那么多地呀，只能＿＿＿＿＿＿从农民手里再包他的责任田，每年给他＿＿＿＿＿＿，两个800斤。我包了六十多亩地，老百姓＿＿＿＿＿＿，开始都不包给我，＿＿＿＿＿＿，给不起。

（5）各级政府部门要＿＿＿＿＿＿，科研部门要为农民服务，给他们＿＿＿＿＿＿，化肥、农药等农用物资也要＿＿＿＿＿＿。作为新时代的农民，还应该有＿＿＿＿＿＿、商品意识，把经济效益搞上去。

**3. 根据你听到的这个话题讨论，谈一谈你自己的观点。**

（1）你觉得农民迷信的根本原因是什么？

（2）你觉得烧香拜佛是不是迷信活动？为什么？

# 第十二课

## 工人有技术

### 一、生词 7"

| | | | | |
|---|---|---|---|---|
| 1. | 统计 | tǒngjì | （动） | add up, count |
| 2. | 技师 | jìshī | （名） | technician |
| 3. | 晋升 | jìnshēng | （动） | promote |
| 4. | 能工巧匠 | néng gōng qiǎo jiàng | | skillful craftsman |
| 5. | 媒体 | méitǐ | （名） | media |
| 6. | 如雷贯耳 | rú léi guàn ěr | | resound like thunder |
| 7. | 绝活 | juéhuó | （名） | unique skill |
| 8. | 抢救 | qiǎngjiù | （动） | save, rescue |
| 9. | 身怀绝技 | shēn huái jué jì | | have the unique skill |
| 10. | 断档 | duàndàng | （动） | temporarily lack |
| 11. | 焊 | hàn | （动） | weld |
| 12. | 火箭 | huǒjiàn | （名） | rocket |
| 13. | 长三丙 | Chángsānbǐng | （专名） | a type of rocket made in China |
| 14. | 操作 | cāozuò | （动） | operate (mostly referring to machines) |
| 15. | 发动机 | fādòngjī | （名） | engine, motor |
| 16. | 检测 | jiǎncè | （动） | examine, check |
| 17. | 故障 | gùzhàng | （名） | breakdown, malfunction |
| 18. | 维修 | wéixiū | （动） | maintain |
| 19. | 机床 | jīchuáng | （名） | machine tool |
| 20. | 浦东 | Pǔdōng | （专名） | a district in Shanghai |
| 21. | 隧道 | suìdào | （名） | tunnel |

| | | | | |
|---|---|---|---|---|
| 22. | 缓冲 | huǎnchōng | （动） | buffer, cushion |
| 23. | 装置 | zhuāngzhì | （名） | installation, equipment |
| 24. | 比例 | bǐlì | （名） | proportion, ratio |
| 25. | 认可 | rènkě | （动） | recognize, approve |
| 26. | 取向 | qǔxiàng | （名） | orientation |
| 27. | 光荣 | guāngróng | （形） | honorable |

## 二、格式与范句

**1** 即使……再……也……

表示假设或让步，"即使"后边用"再"引出一种极端的情况，后一分句表示在这种情况下有同样的结果或结论。

① 即使你说得再好，他也不会听你的。

② 即使困难再大，我们也得搞。

**2** 据……统计

① 据有关部门统计，这次地震共伤亡一千余人。

② 据联合国统计，全球的文盲中，三分之二是妇女。

**3** 比不上

不如，用于比较。

① 红队的实力明显比不上蓝队。

② 大部分影视作品在深度上比不上小说。

**4** 一大批

表示数量多。

① 图书馆进了一大批外文小说。

② 一大批女职工重新选择了职业。

**5** 考虑到

用于句子的开头，引出作某种决定的原因。

① 考虑到你的身体情况，我们建议你换个工作。
② 考虑到经费问题，我们只能派五名队员参加比赛。

## 三、热身练习

### 一 词语练习 ▶ 1'22"

**1. 朗读词语。**

（1）设计图纸　　　　（2）影星　　　　　（3）恢复正常
　　　设计服装　　　　　　　歌星　　　　　　　恢复生产

（4）设备维修　　　　（5）维修难度　　　（6）人才流失
　　　电器维修　　　　　　　施工难度　　　　　资源流失

（7）筹备节目　　　　（8）制度化　　　　（9）征婚启事
　　　筹备晚会　　　　　　　国产化　　　　　　寻物启事
　　　筹备会议　　　　　　　经常化

**2. 听句子，写出刚学过的生词。**

（1）　　　　　　　　（2）

（3）　　　　　　　　（4）

（5）　　　　　　　　（6）

（7）　　　　　　　　（8）

（9）　　　　　　　　（10）

## 工人有技术 12

**3.** 连线，组成短语。

（1）
- 恢复
- 重视
- 统计
- 设计的
- 创造

- 程度
- 条件
- 正常
- 图纸
- 数字

（2）
- 价值
- 参加
- 筹备
- 改变
- 发射

- 观念
- 火箭
- 节目
- 取向
- 工作

### 二 句子练习  5'27"

**1.** 听句子，判断正误。

（1）当时他真的回国了。　　　　　　　　　　　　　　　　　　（　）

（2）那时候大家都很重视技术人员，觉得当技术人员很好。　　（　）

（3）那几年很多有才能的年轻人离开了这个公司。　　　　　　（　）

（4）有人看不起农业、林业、师范院校的学生。　　　　　　　（　）

**2.** 听后模仿。

（1）

（2）

（3）

（4）

## 四、听课文做练习

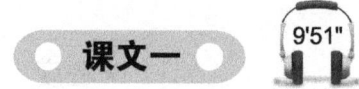

**课文一**

（听前提示：说话人认为，现在技术工人的数量是多还是少？）

**1. 听后判断正误。**

（1）说话人认为，专家设计的图纸比技术工人的制作更重要。（　）
（2）技术明星的收入比歌星、影星少很多。（　）
（3）现在技术明星的社会地位比较高。（　）
（4）过去媒体不重视技术工人。（　）
（5）我们应该珍惜老年技术工人的经验。（　）

**2. 听后回答问题。**

（1）为什么说现在技术工人的社会地位不太高？
（2）技术工人的收入怎么样？
（3）在课文里，"黄金时间"是指什么时间？
（4）技术工人什么时候很受重视？
（5）我们应该抓紧抢救什么？

**课文二**

（听前提示：1. 课文里出现了几位技术工人？2. 这几位技术工人分别是做什么工作的？）

**1. 听后选择正确答案。**

① A. 按照专家的意见解决的
　 B. 领导派他上去补焊，问题解决了
　 C. 他用自己的方法证明故障不会影响火箭发射，不用补焊
　 D. 他用自己的方法焊好了　　　　　　　　　　　　（　）

❷ A. 工人的技术，逐渐被社会淡忘了
   B. 当个技术工人很光荣，因为工作很难找
   C. 征婚启事很少写"我是工人"的
   D. 家长不希望自己的孩子当技术工人 （    ）

❸ A. 按照这个技术工人的意见，在无轨电车上装上了一种缓冲装置
   B. 按照专家的意见，在无轨电车上装上了一种缓冲装置
   C. 按照这个技术工人的意见，在无轨电车上装上了一种加速装置
   D. 按照专家的意见，在无轨电车上装上了一种加速装置 （    ）

❹ A. 在 20 世纪五六十年代，对技术人员的重视程度和社会认可度相当高
   B. 技工学校的学生常常被排在最低档次
   C. 现在我国技术工人的比例相当高，工人学技术的热情也很高
   D. 社会和企业应该重视技术工人 （    ）

**2. 听后填空，并叙述每个段落。**

（1）火箭即将发射的时候，＿＿＿＿＿＿，操作人员把火箭的发动机部分＿＿＿＿＿＿，当时在场专家＿＿＿＿＿＿。但是经过分析，认为都＿＿＿＿＿＿。领导要派我上去补焊，我真要上去的话，可能今天就不会＿＿＿＿＿＿。

（2）我主要是搞＿＿＿＿＿＿的。虽然我是工人出身，但是我始终＿＿＿＿＿＿学习技术。我们单位进口设备多，＿＿＿＿＿＿比较大。那年，＿＿＿＿＿＿一台日本的机床，设备在运输过程中＿＿＿＿＿＿，但是我们单位还需要用它，怎么办呢？只能＿＿＿＿＿＿。搞电器的工程师带着我们，到机床厂走访，把这套系统＿＿＿＿＿＿。

（3）前些年上海＿＿＿＿＿＿要过江，就决定＿＿＿＿＿＿，这个隧

道里面要通无轨电车，试车试了几天，＿＿＿＿＿＿＿＿，一开车就把上面的灯都打坏了，损失＿＿＿＿＿＿＿＿。当时我就说了一个意见，我想是不是在这一段＿＿＿＿＿＿＿＿。后来按我的意见做了，4月30日＿＿＿＿＿＿＿＿。

(4) 20世纪五六十年代，我们对技术人员的＿＿＿＿＿＿＿＿是相当高的。那个时候，工人学技术的热情也是很高的。随着经济的发展，＿＿＿＿＿＿＿＿，世界变得＿＿＿＿＿＿＿＿，社会的＿＿＿＿＿＿＿＿也发生了变化。工人的技术，逐渐＿＿＿＿＿＿＿＿，社会对他的认可度降低了。

(5) 我是一名技工学校的学生。技工学校的学生常常＿＿＿＿＿＿＿＿。比如说，初三的孩子考学，家长＿＿＿＿＿＿＿＿让你考中专、高中，＿＿＿＿＿＿＿＿以后能上大学，能有个好的工作。＿＿＿＿＿＿＿＿是被排在最后的。

**3. 根据你听到的这个话题讨论，谈一谈你自己的观点。**

(1) 你觉得技术工人应该受到重视吗？为什么？

(2) 你希望做一名工程师还是一名技术工人？为什么？

# 第十三课

## 假如我中奖了

### 一、生词 8"

| | | | | |
|---|---|---|---|---|
| 1. | 畏惧 | wèijù | (动) | fear |
| 2. | 情绪 | qíngxù | (名) | feeling, emotion |
| 3. | 概念 | gàiniàn | (名) | conception |
| 4. | 收益 | shōuyì | (名) | proceeds, earnings |
| 5. | 公益 | gōngyì | (名) | public welfare |
| 6. | 保障 | bǎozhàng | (动、名) | guarantee, safeguard; security |
| 7. | 筹集 | chóují | (动) | collect |
| 8. | 渠道 | qúdào | (名) | channel |
| 9. | 视角 | shìjiǎo | (名) | point of view |
| 10. | 弱势群体 | ruòshì qútǐ | | social vulnerable groups |
| 11. | 红十字会 | Hóngshízìhuì | (专名) | Red Cross |
| 12. | 救助 | jiùzhù | (动) | save, rescue |
| 13. | 茶余饭后 | chá yú fàn hòu | | at one's leisure |
| 14. | 热门 | rèmén | (形) | popular |
| 15. | 潇洒 | xiāosǎ | (形) | natural and unrestrained |
| 16. | 无忧无虑 | wú yōu wú lǜ | | carefree |
| 17. | 充实 | chōngshí | (形) | fulfilled, substantial |
| 18. | 回报 | huíbào | (动、名) | pay back; returns |
| 19. | 分配 | fēnpèi | (动、名) | distribute; distribution |
| 20. | 争取 | zhēngqǔ | (动) | strive for |
| 21. | 擦肩而过 | cā jiān ér guò | | brush past (sb.) |
| 22. | 降临 | jiànglín | (动) | befall |

| 23. | 医疗 | yīliáo | （动） | (give) medical treatment |
| 24. | 不近人情 | bú jìn rénqíng | | be devoid of haman feelings |
| 25. | 无止境 | wú zhǐjìng | | boundless, limitless |
| 26. | 眼界 | yǎnjiè | （名） | field of vision or view, outlook |

## 二、格式与范句

**1** 从某个角度说/看，……

从一个方面来看。

① 从某个角度说，他的话也不是没有道理。

② 从某个角度看，这么做对整个公司是有好处的。

**2** ……和……是两回事

用于解释，表示两件事情不一样，或者完全不一样。

① 谈恋爱和结婚是两回事。

② 工作和学习是两回事。

**3** 不见得

用于表示不同意。常用于口语。

① 送孩子出国留学不见得是件好事。

② A：今天天气这么好，明天应该很暖和吧？

　　B：不见得。听说明天要下雨呢。

## 三、热身练习

**一 词语练习**  ▶ 1'23"

**1. 朗读词语。**

（1）公益金　　公益事业　　公益广告

（2）社会保险　　医疗保险　　人身保险

（3）科学领域　　教育领域　　经济领域

（4）热门话题　　热门人物　　热门电影

**2. 听句子，写出刚学过的生词。**

（1）　　　　　　　　（2）

（3）　　　　　　　　（4）

（5）　　　　　　　　（6）

（7）　　　　　　　　（8）

（9）　　　　　　　　（10）

**3. 连线，组成短语。**

- 医疗
- 争取
- 热门
- 操心
- 救助

- 病人
- 话题
- 事业
- 保险
- 成功

## 二　句子练习　▶ 4'28"

**1. 听句子，判断正误。**

（1）中国体育彩票的收益都用于发展体育事业。（　　）

（2）弱势群体是指残疾人、贫困学生、灾区人民、山区人民、红十字会的救助对象，等等。（　　）

（3）体育彩票的收益越来越多的用于社会保障等方面，成为我国筹集公益事业基金的重要方式之一。（　　）

（4）体育彩票公益金用于支持全民健身、奥运，以及更广泛的社会活动。（　　）

**2. 听后模仿。**

（1）

（2）

（3）

（4）

## 四、听课文做练习

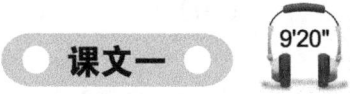

（听前提示：中国体育彩票的发展经过了怎样的变化?）

**1. 听后判断正误。**

（1）在改革开放早期,人们很快就接受了体育彩票。（　　）

（2）体育彩票就是体育部门发行的彩票,这些彩票的收益都用于体育事业。

（　　）

（3）中国体育事业的发展离不开体育彩票的大力支持。（　　）

（4）现在体育彩票公益金将视角转向了更广阔的社会领域。（　　）

（5）怎么能说体育彩票是人们生活中不可缺少的一部分呢?（　　）

**2. 听后回答问题。**

（1）从1984年到现在,中国体育彩票经历了怎样的发展过程?

（2）改革开放早期,人们是怎样看待体育彩票的?

（3）现在体育彩票的主要作用是什么?

（4）弱势群体包括哪些?

（5）体育彩票现在在人们的生活中有怎样的地位?

假如我中奖了　**13**

课文二

（听前提示：1. 孙先生中奖以后的生活到底是怎样的？2. 家长在给不给孩子留钱的问题上观点一样吗？）

**1. 听后选择正确答案。**

① A. 他花了 100 多万和当地的图书馆一起搞了一个少儿图书馆
　 B. 和大多数人不一样，得奖以后他先给兄妹每人买了一套房子
　 C. 中奖以后，他很想回报社会
　 D. 中奖以后孙先生的生活更充实　　　　　　　　　　（　　）

② A. 老年的时候更应该好好学习
　 B. 学习是没有终点的，只要活着就应该学习
　 C. 多学习老得快
　 D. 老人学习得比较慢，所以学习时间比较长　　　　　（　　）

③ A. 孩子应该自己争取成功
　 B. 给孩子留钱不见得是不好的
　 C. 我们应该让孩子过得好一点儿
　 D. 当然要留钱，只是不会太多　　　　　　　　　　　（　　）

④ A. 顾客很高兴，要送给她 30 万表示感谢
　 B. 很多朋友都很支持她，觉得她做得对
　 C. 她的家人都觉得她这样做太傻了
　 D. 她的父母一定对她的做法很满意　　　　　　　　　（　　）

**2. 听后填空，并叙述每个段落。**

（1）其实我倒觉得有钱以前我的生活更_____，更_____。中奖以前，我跟我爱人都赚工资，就一个小孩，生活挺_____的。中奖以后，我总觉得应该_____社会。

(2) 我先给自己和兄妹买房子。后来我想给家乡_____，为了下一代，我花了十多万，和我们当地的图书馆一起搞了一个少儿图书馆，现在_____读者4000多名。剩下的钱就不太多了，我花了100多万_____，每天都为事业_____。至于我的孩子，我肯定是留钱给他了，可是不太多，不是我想让他自己_____成功，而是真的没有太多的钱可以留给他了。

(3) 林女士和500万_____。她拿着那张彩票，_____是可以自己去领奖的，可是她觉得如果那么做就不能_____。所以她把500万还给了顾客。后来，顾客为了表示感谢，要给她20万，可是她没接受。为了这件事，很多朋友_____。但是她的家人_____，她觉得她从小受到的教育很成功。自己买体彩中奖_____。

(4) 如果我得了500万，我会先买一栋楼。这是因为_____，_____。另外一部分给我的父亲，他虽然也有_____，也有_____什么的，但是他的身体_____需要一些营养。剩下的我觉得就要捐给_____。我不想留钱给儿女，不是因为我_____，而是我觉得他们应该自己去_____。

(5) 不给儿女们留钱_____是对他们好。现在的年轻人_____比较高，跟我们不太一样。如果我得了500万，我就_____留100万给儿子上大学用，我希望他可以过得好一点儿。

(6) 中奖后，我会拿出100万做我的_____。俗话说：_____。学习是_____的，我可能会出国去_____

_____。然后我会拿出一部分钱给我的父母，让他们过得舒服一点儿。剩下的钱，我想_____。还有，我要给女朋友买个大钻戒。

3. 根据你听到的这个话题讨论，谈一谈你自己的观点。

（1）"活到老，学到老"，你同意这个观点吗？

（2）如果你是林女士，你会把钱还给别人吗？

（3）如果你有 500 万，你想怎么分配这些钱？

# 第十四课

## 气候变暖

### 一、生词

| | | | | |
|---|---|---|---|---|
| 1. | 二氧化碳 | èryǎnghuàtàn | （名） | carbon dioxide |
| 2. | 燃烧 | ránshāo | （动） | burn |
| 3. | 不毛之地 | bù máo zhī dì | | barren land |
| 4. | 南极洲 | Nánjízhōu | （专名） | the Antarctic |
| 5. | 灾难 | zāinàn | （名） | disaster |
| 6. | 不可逆转 | bù kě nìzhuǎn | | irreversible |
| 7. | 能源 | néngyuán | （名） | energy resource |
| 8. | 干旱 | gānhàn | （名、形） | drought; arid |
| 9. | 极端 | jíduān | （名、形） | extreme; exceeding |
| 10. | 威胁 | wēixié | （动） | threaten |
| 11. | 生态 | shēngtài | （名） | ecology |
| 12. | 蔓延 | mànyán | （动） | spread |
| 13. | 物种 | wùzhǒng | （名） | species |
| 14. | 灭绝 | mièjué | （动） | become extinct |
| 15. | 北极 | běijí | （名） | the Arctic |
| 16. | 摧毁 | cuīhuǐ | （动） | destroy, smash, wreck |
| 17. | 天然气 | tiānránqì | （名） | natural gas |
| 18. | 化肥 | huàféi | （名） | chemical fertilizer |
| 19. | 意味着 | yìwèizhe | （动） | mean |
| 20. | 促进 | cùjìn | （动） | promote, accelerate |
| 21. | 模式 | móshì | （名） | mode, pattern |
| 22. | 节约 | jiéyuē | （动） | save, economize |

| 23. | 太阳能 | tàiyángnéng | （名） | solar energy |
| 24. | 息息相关 | xī xī xiāng guān | | be closely linked（to）,be closely bound up（to） |
| 25. | 油耗 | yóuhào | （名） | oil consumption |

## 二、格式与范句

**1** 由于……而 V
① 这些疾病都是由于饮食不当而导致的。
② 黄河出现断流，主要是由于上游过度开发而造成的。

**2** 进一步 V
① 政府相关部门要进一步拓宽服务领域。
② 夏季来临，电力供需矛盾还会进一步加大。

**3** 在……中
表示范围。
① 他在工作中取得了很大的成绩。
② 在比赛中，运动员要始终集中注意力。

**4** 与……息息相关
① 住房问题与人民群众生活息息相关。
② 环境污染与每个人息息相关。

## 三、热身练习

一 词语练习 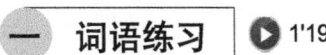 1'19"

1. 朗读词语。

（1）相当复杂　　　　（2）温室气体　　　　（3）绿色能源
　　 相当熟练　　　　　　 有害气体　　　　　　 清洁能源

(4) 生态系统　　　(5) 自然因素　　　(6) 粮食安全
　　 生态环境　　　　　 人为因素　　　　　 食品安全

(7) 重复使用　　　(8) 可持续发展　　(9) 加以注意
　　 重复建设　　　　　 可持续增长　　　　 加以重视

**2. 听句子，写出刚学过的生词。**

(1)　　　　　　　　　(2)

(3)　　　　　　　　　(4)

(5)　　　　　　　　　(6)

(7)　　　　　　　　　(8)

(9)　　　　　　　　　(10)

**3. 连线，组成短语。**

(1)
- 造成
- 物种
- 获得
- 火山
- 水力

- 灭绝
- 爆发
- 发电
- 威胁
- 信息

(2)
- 浪费
- 减少
- 供需
- 疾病
- 达到

- 最高值
- 油耗
- 能源
- 蔓延
- 矛盾

## 二 句子练习 ▶ 5'4"

**1. 听句子,判断正误。**

(1) 在很长一段时间内,估计全球气候变暖的趋势将越来越明显。 (　)

(2) 造成气候变暖,有人为的原因,也有自然的原因,后者引起的变化更大。
(　)

(3) 减少排放温室气体是解决气候变暖比较有效的办法。 (　)

(4) 我们在发展经济的同时,要减少温室气体排放。 (　)

**2. 听后模仿。**

(1)

(2)

(3)

(4)

## 四、听课文做练习

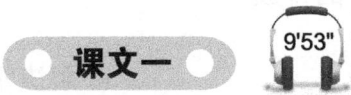

(听前提示:全球气候变暖是什么原因造成的?)

**1. 听后判断正误。**

(1) 气候变暖影响了地球上大部分的国家和地区。 (　)

(2) 燃烧煤和石油不会产生温室气体。 (　)

(3) 南极洲目前还没有树木,因为气温太低。 (　)

(4) 人类可以完全消除气候变暖的影响。 (　)

(5) 绿色能源不会产生二氧化碳等温室气体。 (　)

**2. 听后回答问题。**

(1) 造成全球范围内温度升高的主要因素是什么?

（2）温室气体是怎么产生的？

（3）将来，全球变暖的趋势会不会减弱？

（4）为什么我们只能减轻和适应全球变暖的趋势？

（5）我们应该使用什么样的能源来发展？

### 课文二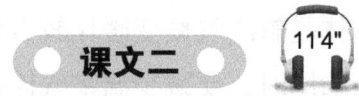

（听前提示：1.为什么全球气候会变暖？2.气候变暖对我们的生活有什么影响？）

**1. 听后选择正确答案。**

① A. 干旱　　　　　　　　　B. 海平面上升
　 C. 台风　　　　　　　　　D. 火山爆发　　　　　　（　　）

② A. 降雨和降雪减少
　 B. 使用煤、石油、天然气和化肥
　 C. 利用风能、太阳能等清洁能源
　 D. 减少温室气体的排放　　　　　　　　　　　　（　　）

③ A. 促进经济发展　　　　　B. 解决水资源的供需矛盾
　 C. 减少温室气体的排放　　D. 重复使用购物袋　　（　　）

④ A. 把空调室外机装在阴凉处
　 B. 减少开车次数
　 C. 让汽车发动机高速运转
　 D. 夏天将空调温度调高2摄氏度　　　　　　　　（　　）

**2. 听后填空，并叙述每个段落。**

（1）全球变暖对人类生活到底有何影响？

全球变暖会造成干旱，＿＿＿＿＿＿＿都减少了，供水的量自然会减少；还会出现＿＿＿＿＿＿＿，比如说台风；同时，海平面的上升会＿＿＿＿＿＿造成威胁；全球变暖也会影响到整个生态系统。由于气温的升高，蚊子可以＿＿＿＿＿＿，所以会造成一些疾病的蔓延。全球变暖可以导致物种的灭绝，比如说北极熊，由于＿＿＿＿＿＿，它们有可能会灭绝。

（2）导致全球变暖的因素有哪些呢？

主要有自然因素和人为因素两种，自然因素我们＿＿＿＿＿＿，比如火山爆发。人为因素包括使用＿＿＿＿＿＿等，这些会引起大气中温室气体的增加。一份研究报告指出，目前人为因素引起的气候变化＿＿＿＿＿＿，引起了全世界的关注。

（3）气候变暖会对经济发展带来不利的影响。比如在未来30到50年内，会使我们的农业＿＿＿＿＿＿。如果不采取适当措施的话，会对＿＿＿＿＿＿造成很大的威胁。还有科学家研究，在未来20到30年期间，我们北方的水资源的供需矛盾＿＿＿＿＿＿。

（4）我们广大的老百姓，怎么应对气候变化？我想很重要的就是节约，不要＿＿＿＿＿＿。比如重复使用购物袋，多＿＿＿＿＿＿。全球变暖与每个人息息相关，个人的小行动＿＿＿＿＿＿。

**3. 根据你听到的这个话题讨论，谈一谈你自己的观点。**

（1）你感受到气候变暖了吗？请举例说明。
（2）在你们国家，政府在减少温室气体排放方面采取了什么措施？
（3）作为个人，我们可以为减缓气候变暖做些什么？

# 第十五课

## 奥运会志愿者

### 一、生词 8"

| | | | | |
|---|---|---|---|---|
| 1. | 国际奥委会 | Guójì Àowěihuì | (专名) | International Olympic Committee |
| 2. | 追溯 | zhuīsù | (动) | trace back to, date back to |
| 3. | 希腊 | Xīlà | (专名) | Greece |
| 4. | 组委会 | zǔwěihuì | (名) | organizing committee |
| 5. | 巴塞罗那 | Bāsàiluónà | (专名) | Barcelona |
| 6. | 内涵 | nèihán | (名) | connotation |
| 7. | 界定 | jièdìng | (动) | define |
| 8. | 无私 | wúsī | (形) | unselfish, selfless |
| 9. | 尽其所能 | jìn qí suǒ néng | | to the best of one's potential |
| 10. | 接受 | jiēshòu | (动) | accept |
| 11. | 报酬 | bàochou | (名) | reward, remuneration |
| 12. | 踊跃 | yǒngyuè | (形) | eager, enthusiastic |
| 13. | 层次 | céngcì | (名) | level |
| 14. | 甘愿 | gānyuàn | (动) | be willing, without reluctance |
| 15. | 默默 | mòmò | (副) | quietly, silently |
| 16. | 致敬 | zhìjìng | (动) | pay homage to |
| 17. | 衷心 | zhōngxīn | (形) | heartfelt, wholehearted, devout |
| 18. | 幸运儿 | xìngyùn'ér | (名) | lucky guy, lucky dog |
| 19. | 坚守 | jiānshǒu | (动) | hold fast to, stick to |
| 20. | 岗位 | gǎngwèi | (名) | post, position |
| 21. | 镜头 | jìngtóu | (名) | shot |
| 22. | 场馆 | chǎngguǎn | (名) | stadium and gymnasium |

| 23. | 局限 | júxiàn | （动） | limit, confine |
| 24. | 名额 | míng'é | （名） | quota (of people), of people allowed or number enrolled |
| 25. | 限制 | xiànzhì | （动） | limit, restrict |
| 26. | 人文 | rénwén | （名） | humanism |
| 27. | 品味 | pǐnwèi | （名） | taste |
| 28. | 福娃 | Fúwá | （专名） | mascots of Beijing 2008 Olympic Games |
| 29. | 传承 | chuánchéng | （动） | pass down, from one generation to another |
| 30. | 时过境迁 | shí guò jìng qiān | | things have changed with the passage of time |
| 31. | 延续 | yánxù | （动） | continue, last |

## 二、格式与范句

**1** 七成以上

"数字+成"表示在十份当中所占的份数，比如"七成"表示在十份中占七份，也就是70%。

① 我们班的学生有七成是女生。

② 现在有九成以上的青年拥有自己的手机。

**2** 为的就是……

位于后一分句，表示目的，"为了……""做……的目的是……"。

① 他这样努力地工作，为的就是让一家人生活得更幸福。

② 有些留学生来中国，为的就是在汉语语言环境里更好地学习汉语。

**3** 值得一提的是，……

意思是"值得说的是"，有强调的意思。放在句首，引起注意。

① 值得一提的是,他在生病期间还依然保持着写日记的习惯。

② 值得一提的是,小王这次的成绩不仅是全班第一,还是全校第一。

4　一个劲儿地……

意思是"一直,不停地",用在动词前边。

① 当我问他是否喜欢中国时,他只是一个劲儿地笑,并没有回答。后来我才知道他听不懂汉语。

② 他一个劲儿地咳嗽,好像真的感冒了。

5　受……限制

意思是"被……限制住",中间要加起限制作用的事物。

① 受时间的限制,我们今天的课只能讲到这里了。

② 人们的行为要受法律和道德的限制。

## 三、热身练习

### 一　词语练习　▶ 1'34"

**1. 朗读词语。**

(1) 语言学领域　　　　(2) 文化层次　　　　(3) 无私的帮助
　　生活领域　　　　　　 高层次　　　　　　 无私的奉献
　　科技领域　　　　　　 低层次　　　　　　 无私的爱

(4) 内涵的界定　　　　(5) 踊跃发言　　　　(6) 坚守岗位
　　科学的界定　　　　　 踊跃报名　　　　　 坚守信念
　　清楚的界定　　　　　 踊跃参与　　　　　 坚守阵地

(7) 默默奉献　　　　　(8) 限制速度　　　　(9) 人文科学
　　默默不言　　　　　　 限制人口　　　　　 人文精神
　　默默无闻　　　　　　 限制消费　　　　　 人文关怀

**2. 听句子，写出刚学过的生词。**

（1）　　　　　　　　　（2）

（3）　　　　　　　　　（4）

（5）　　　　　　　　　（6）

（7）　　　　　　　　　（8）

（9）　　　　　　　　　（10）

**3. 连线，组成短语。**

- 纳入
- 文化
- 踊跃
- 做出
- 举办
- 接受
- 发扬

- 志愿精神
- 界定
- 报酬
- 层次
- 参加
- 计划
- 奥运会

## 二　句子练习　5'40"

**1. 听句子，判断正误。**

（1）由于今年雨水较少，粮食的产量仅仅是去年的70%左右。（　　）

（2）同学们在图书馆好好学习，为的就是让学校提供更多的图书。（　　）

（3）母亲一直劝他戒烟，可他还是抽烟。（　　）

（4）受到产量的限制，这个工厂的原料已经明显不足了。（　　）

**2. 听后模仿。**

（1）

（2）

（3）

（4）

## 四、听课文做练习

### 课文一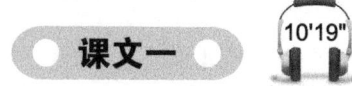

(听前提示：奥运会志愿者的形成过程是怎样的？)

**听后判断正误。**

（1）奥运会志愿者的历史始于1896年的希腊奥运会。　　　　　　（　）

（2）1896年，奥运会志愿者活动被正式纳入组委会的工作计划。（　）

（3）1992年，巴塞罗那奥运会第一次对奥运会志愿者的内涵作出界定。（　）

（4）2008北京奥运会的志愿者报名人数是56万。　　　　　　　　（　）

（5）报名参加2008北京奥运会志愿者的70%以上是年轻人。　　　（　）

### 课文二

(听前提示：1.奥运会志愿者是做什么的？他们为奥运会作出了哪些贡献？2.除了志愿者以外，还有谁为奥运会作出了贡献？3.志愿者精神是怎样体现的？)

**1. 听后选择正确的答案。**

① A. 只有学生才能成为奥运会志愿者
　　B. 学生不能成为奥运会志愿者
　　C. 出租车司机不能做奥运会志愿者
　　D. 奥运会志愿者是经过挑选出来的专业人员　　　　　　　　（　）

② A. 为了送给奥运会志愿者
　　B. 为了自己能成为一名奥运会志愿者
　　C. 为了表达自己对奥运会的热爱，为了给奥运会作贡献
　　D. 为了交外国朋友

　　　　　　　　　　　　　　　　　　　　　　　　　　　　　　　（　）

❸ A. 开车

　　B. 为乘客播放 CD

　　C. 用英文介绍北京的历史、名胜古迹和小吃

　　D. 为乘客唱歌　　　　　　　　　　　　　　　　　　　　（　　）

❹ A. 奥运会即使开完了，志愿者精神也应该继续发扬下去

　　B. 为了发扬志愿者精神，中国人都必须学习外语，跟外国人直接交流

　　C. 奥运会志愿者和普通的群众都为奥运会作出了贡献

　　D. 奥运会志愿者和普通群众都应该发扬志愿者精神　　　　（　　）

**2. 听后填空，并叙述每个段落。**

（1）在奥运会开幕式和闭幕式上，都有这样一句话："向那些为＿＿＿＿＿＿＿＿＿的成功＿＿＿＿＿＿＿＿致敬"，这是组委会＿＿＿＿＿＿＿＿感谢。主持人请到了＿＿＿＿＿＿＿来参加这次节目，他们的话题是"＿＿＿＿＿＿＿"。

（2）我真正感到了＿＿＿＿＿＿＿的＿＿＿＿＿＿＿和＿＿＿＿＿＿。我希望用我的＿＿＿＿＿＿＿去＿＿＿＿＿＿＿，解决他们的困难。我希望带给他们一种感觉，＿＿＿＿＿＿，＿＿＿＿＿＿。我希望能成为＿＿＿＿＿＿＿。

（3）奥运会志愿者＿＿＿＿＿＿，为＿＿＿＿＿＿、＿＿＿＿＿＿、＿＿＿＿＿＿提供优质的服务，保证＿＿＿＿＿＿能够顺利进行，他们的言行也展现了我们国家的＿＿＿＿＿＿，他们不仅为＿＿＿＿＿＿作出了巨大的贡献，还＿＿＿＿＿＿。值得一提的是，我们的志愿者精神的体现并不是＿＿＿＿＿＿，而是＿＿＿＿＿＿。

（4）有一名普通的出租车司机，虽然不是一名＿＿＿＿＿＿，但是＿＿＿＿＿＿＿＿。他在奥运会期间开车时为外国客人准备了很多＿＿＿＿＿＿。车子在行驶的过程中，他还用＿＿＿＿＿＿向客人介绍北京的＿＿＿＿＿＿、＿＿＿＿＿＿，还有＿＿＿＿＿＿。他认为，在奥运会期间＿＿＿＿＿＿也是一种贡献，也是＿＿＿＿＿＿。

（5）发扬志愿者精神是不受＿＿＿＿＿＿和＿＿＿＿＿＿的限制的。一位姓王的老人，她＿＿＿＿＿＿高龄了，她听说奥运会要在北京举行，便产生了＿＿＿＿＿＿的想法。她已完成了近＿＿＿＿＿＿套剪纸。她还坚持＿＿＿＿＿＿，以便跟外国运动员和客人直接交流。

（6）还有的观众认为，志愿者精神不仅仅体现在奥运会志愿者身上，还应该体现在＿＿＿＿＿＿身上。即使＿＿＿＿＿＿，也要把＿＿＿＿＿＿。他担心＿＿＿＿＿＿，这种精神就会被人们遗忘。他希望志愿者精神能＿＿＿＿＿＿。

**3. 根据你听到的这个话题讨论，谈一谈你的观点。**

（1）你觉得什么是志愿者精神？

（2）举办奥运会有什么意义？

（3）如果在你的国家举办奥运会，你想去当志愿者吗？为什么？

# 第十六课

## 城市交通

### 一、生词 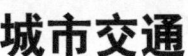 7"

| | | | | |
|---|---|---|---|---|
| 1. | 不堪 | bùkān | (副) | unbearably, impossibly |
| 2. | 可见一斑 | kějiàn yì bān | | get a rough idea of sth. |
| 3. | 瘫痪 | tānhuàn | (动) | be at a standstill, be paralysed |
| 4. | 开辟 | kāipì | (动) | open up, start |
| 5. | 轨道 | guǐdào | (名) | track |
| 6. | 尾气 | wěiqì | (名) | tail exhaust |
| 7. | 价廉物美 | jià lián wù měi | | (of a commodity) cheap but good, inexpensive but excellent |
| 8. | 拓宽 | tuòkuān | (动) | widen |
| 9. | 腾 | téng | (动) | make room, vacate |
| 10. | 容纳 | róngnà | (动) | hold, have a capacity of |
| 11. | 机关 | jīguān | (名) | office, agency, body |
| 12. | 密度 | mìdù | (名) | density |
| 13. | 提倡 | tíchàng | (动) | advocate, promote |
| 14. | 翻番 | fānfān | (动) | double |
| 15. | 落实 | luòshí | (动) | carry out, put into effect |
| 16. | 交叉 | jiāochā | (动) | cross, intersect |
| 17. | 主干道 | zhǔgàndào | (名) | main road |
| 18. | 配套 | pèitào | (动) | form a complete set or system |
| 19. | 超前 | chāoqián | (形) | transcending the present, ahead of the time |

| 20. | 缓解 | huǎnjiě | （动） | relieve, alleviate |
| 21. | 前提 | qiántí | （名） | premise, prerequisite |
| 22. | 鼓励 | gǔlì | （动） | encourage |
| 23. | 杠杆 | gànggǎn | （名） | lever |
| 24. | 繁华 | fánhuá | （形） | flourishing, prosperous |
| 25. | 电瓶车 | diànpíngchē | （名） | storage battery car, electromobile |

## 二、格式与范句

**1** 而

表示转折，用在两个小句中间，引出和上文相对立的意思。

① 南方已经春暖花开，而北方还下着大雪。

② 私家车的增长速度惊人，而道路设施却跟不上需要。

**2** 对……而言

意思相当于"对……来说"。比较正式。

① 对孩子而言，父母离婚是非常可怕的。

② 对游客而言，这雪景可是非常难得的。

**3** 对……有所V

"所+V"做"有"的宾语。"所"用在及物动词前面，使"所+V"成为名词性短语。比较正式。

① 老师对同学们的问题已经有所准备。

② 你必须对你的行为有所解释。

**4** 在……的前提下

① 在政策允许的前提下，他们为企业解决了不少实际问题。

② 在保证质量的前提下，工厂加快了生产速度。

## 三、热身练习

### 一 词语练习 ▶ 1'16"

**1. 朗读词语**

（1）拥堵不堪　　　　（2）道路资源　　　　（3）代步工具
　　 疲惫不堪　　　　　　 人力资源　　　　　　 运输工具

（4）合理使用　　　　（5）城市容量　　　　（6）缓解压力
　　 合理布局　　　　　　 交通流量　　　　　　 缓解矛盾

（7）难以满足　　　　（8）基础设施　　　　（9）人行道
　　 难以想象　　　　　　 交通设施　　　　　　 机动车道
　　 难以预料　　　　　　 娱乐设施

**2. 听句子，写出刚学过的生词。**

（1）　　　　　　　　（2）

（3）　　　　　　　　（4）

（5）　　　　　　　　（6）

（7）　　　　　　　　（8）

（9）　　　　　　　　（10）

**3. 连线，组成短语。**

（1）
- 尾气
- 经济
- 提供
- 道路
- 工厂

- 畅通
- 搬迁
- 方便
- 排放
- 杠杆

(2)
- 扩大
- 满足
- 造成
- 采取
- 轨道

- 需求
- 措施
- 交通
- 规模
- 拥堵

## 二 句子练习  4'54"

**1. 听句子，判断正误。**

(1) 一些城市居民开始骑电动自行车出行了。　　　　　　　　(　)

(2) 私家车越来越多是造成交通拥堵的重要原因。　　　　　　(　)

(3) 现在，城市的各种设施可以基本满足市民的出行需求。　　(　)

(4) 城市的人口总量会影响交通的状况。　　　　　　　　　　(　)

**2. 听后模仿。**

(1)

(2)

(3)

(4)

## 四、听课文做练习

**课文一**  9'26"

(听前提示：如何解决交通拥堵的问题？)

**1. 听后判断正误。**

(1) 大城市市区都存在交通拥堵的问题。　　　　　　　　　　(　)

(2) 我国有关数据表明，在城市里，自行车时速低于公交车。　(　)

(3) 公交专用车道和轨道交通可以完全解决"出行难"的问题。（　　）

(4) 电动自行车受到很多城市市民的欢迎。（　　）

**2.** 听后回答问题。

(1) 目前，城市管理的共同难题是什么？

(2) 根据有关部门的统计，我国城市公交车的平均时速是多少公里？

(3) 为了解决交通问题，一般应该采取什么措施？

(4) 一些城市是如何发展城市公共交通的？

(5) 人们为什么选择电动自行车出行？

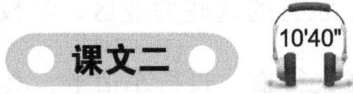

（听前提示：1. 为什么城市的道路越来越拥堵？2. 政府应该如何解决交通拥堵的问题？）

**1.** 听后选择正确答案。

① A. 私家车的增长速度惊人
　　B. 城市人口规模越来越大
　　C. 拓宽老城区的道路
　　D. 停车场所满足不了需要　　　　　　　　　　　　（　　）

② A. 沿街商业地带、学校和工厂
　　B. 沿街商业地带、学校和医院
　　C. 沿街商业地带、车站和医院
　　D. 沿街商业地带、工厂和医院　　　　　　　　　　（　　）

③ A. 公交车的数量减少了
　　B. 公交车的数量增加了
　　C. 换乘地铁不方便
　　D. 公交车快不起来　　　　　　　　　　　　　　　（　　）

④ A. 控制城市容量
　　B. 大力发展公共交通
　　C. 控制私家车的增长速度
　　D. 鼓励自行车出行　　　　　　　　　　　　　　（　　）

**2. 听后填空，并叙述每个段落。**

（1）最近几年，城市方方面面的发展速度惊人，而我们的_____跟不上市民出行的需要，交通问题_____。影响城市交通的重点是几种场所，一个是_____，一个是学校、医院。随着私家车的发展，原有的这些商业区、学校、医院等没有_____，很多人把车停在人行道、自行车道上，必然会_____。

（2）关于城市容量控制的问题，市政府发过_____，要求城里的机关、医院都_____，有条件的可以_____。我们一直在这么做。但是因为老城区内的医院、学校、商业的密度_____，这直接导致老城区的居住人口与交通流量_____。

（3）落实公交优先，我认为要解决下面几个问题：第一，_____的问题。我们有过统计，市区公交车的时速只有20公里/小时。第二，_____的问题。沿线的小街小巷太多了，对_____影响很大。第三，轨道交通在配套规划方面_____。沿线各站点的停车问题一定要解决，_____。还有与普通公交车、出租车之间的换乘。这些问题不解决，老百姓还是会觉得不方便。

（4）因为道路资源很有限，交通问题_____。对私家车进入城市中心还是应该限制，建议可以_____，比如可以提高商业区停车费，在地铁站、公交车站免费停车等，鼓励市民_____。

（5）建议在建游乐园的时候，先挖_____，再在上面_____，这样一地两用，就能_____，特别是老城区。

**3.** 根据你听到的这个话题讨论，谈一谈你自己的观点。

（1）你所在的城市交通方面最突出的问题是什么？

（2）为了解决交通拥堵，你所在的城市做了哪些努力？采取了什么措施？

（3）作为个人，我们可以为缓解交通拥堵做些什么？

# 生词表

## B

| | | | |
|---|---|---|---|
| 八大菜系：鲁 (Lǔ)、川 (Chuān)、粤 (Yuè)、闽 (Mǐn)、苏 (Sū)、浙 (Zhè)、徽 (Huī)、湘 (Xiāng) | | | 2 |
| 巴塞罗那 | Bāsàiluónà | （专名） | 15 |
| 把握 | bǎwò | （动、名） | 9 |
| 百依百顺 | bǎi yī bǎi shùn | | 6 |
| 包 | bāo | （动） | 11 |
| 保障 | bǎozhàng | （动、名） | 13 |
| 报酬 | bàochou | （名） | 15 |
| 北极 | běijí | （名） | 14 |
| 奔 | bèn | （动） | 6 |
| 比例 | bǐlì | （名） | 12 |
| 必然 | bìrán | （形、名） | 4 |
| 辩护 | biànhù | （动） | 7 |
| 标榜 | biāobǎng | （动） | 11 |
| 并发症 | bìngfāzhèng | （名） | 9 |
| 不近人情 | bú jìn rén qíng | | 13 |
| 不堪 | bùkān | （副） | 16 |
| 不可逆转 | bù kě nì zhuǎn | | 14 |
| 不毛之地 | bù máo zhī dì | | 14 |

## C

| | | | |
|---|---|---|---|
| 擦肩而过 | cā jiān ér guò | | 13 |
| 参与 | cānyù | （动） | 6 |
| 操心 | cāoxīn | （动） | 6 |
| 操作 | cāozuò | （动） | 12 |
| 层次 | céngcì | （名） | 15 |
| 茶余饭后 | chá yú fàn hòu | | 13 |
| 长三丙 | Chángsānbǐng | （专名） | 12 |
| 场馆 | chǎngguǎn | （名） | 15 |
| 超前 | chāoqián | （形） | 16 |
| 呈现 | chéngxiàn | （动） | 1 |
| 承受 | chéngshòu | （动） | 5 |
| 驰名 | chímíng | （动） | 2 |
| 充当 | chōngdāng | （动） | 9 |
| 充实 | chōngshí | （形） | 13 |
| 冲击 | chōngjī | （动） | 4 |
| 抽油烟机 | chōuyóuyānjī | （名） | 2 |
| 筹备 | chóubèi | （动） | 1 |
| 筹集 | chóují | （动） | 13 |
| 出庭 | chūtíng | （动） | 7 |
| 出线 | chūxiàn | （动） | 10 |
| 储备 | chǔbèi | （动） | 11 |
| 传承 | chuánchéng | （动） | 15 |
| 闯荡 | chuǎngdàng | （动） | 6 |
| 捶 | chuí | （动） | 6 |
| 刺激 | cìjī | （动） | 8 |
| 刺伤 | cìshāng | （动） | 5 |
| 促进 | cùjìn | （动） | 14 |
| 促销 | cùxiāo | （动） | 8 |
| 摧毁 | cuīhuǐ | （动） | 14 |
| 挫折 | cuòzhé | （名） | 4 |
| 措施 | cuòshī | （名） | 5 |

106

## D

| | | | |
|---|---|---|---|
| 打保票 | dǎ bǎopiào | | 7 |
| 打抱不平 | dǎ bàobùpíng | | 7 |
| 大雅之堂 | dà yǎ zhī táng | | 2 |
| 捣 | dǎo | （动） | 2 |
| 道德 | dàodé | （名、形） | 1 |
| 抵触 | dǐchù | （动） | 5 |
| 地瓜 | dìguā | （名） | 11 |
| 电瓶车 | diànpíngchē | （名） | 16 |
| 顶 | dǐng | （动） | 11 |
| 顶嘴 | dǐngzuǐ | （动） | 6 |
| 妒忌 | dùjì | （动） | 3 |
| 断档 | duàndàng | （动） | 12 |

## E

| | | | |
|---|---|---|---|
| 二氧化碳 | èryǎnghuàtàn | （名） | 14 |

## F

| | | | |
|---|---|---|---|
| 发动机 | fādòngjī | （名） | 12 |
| 发挥 | fāhuī | （动） | 1 |
| 发烧友 | fāshāoyǒu | （名） | 8 |
| 发泄 | fāxiè | （动） | 4 |
| 法庭 | fǎtíng | （名） | 7 |
| 法制 | fǎzhì | （名） | 7 |
| 翻番 | fānfān | （动） | 16 |
| 繁多 | fánduō | （形） | 2 |
| 繁华 | fánhuá | （形） | 16 |
| 房地产 | fángdìchǎn | （名） | 7 |
| 放纵 | fàngzòng | （动） | 5 |
| 飞跃 | fēiyuè | （动） | 10 |
| 分配 | fēnpèi | （动、名） | 13 |
| 氛围 | fēnwéi | （名） | 10 |
| 风调雨顺 | fēng tiáo yǔ shùn | | 11 |
| 幅度 | fúdù | （名） | 8 |
| 福娃 | Fúwá | （专名） | 15 |
| 负担 | fùdān | （动） | 8 |
| 赋予 | fùyǔ | （动） | 10 |
| 富于变化 | fù yú biàn huà | | 2 |

## G

| | | | |
|---|---|---|---|
| 干旱 | gānhàn | （名、形） | 14 |
| 甘愿 | gānyuàn | （动） | 15 |
| 尴尬 | gāngà | （形） | 2 |
| 岗位 | gǎngwèi | （名） | 15 |
| 杠杆 | gànggǎn | （名） | 16 |
| 概念 | gàiniàn | （名） | 13 |
| 格局 | géjú | （名） | 1 |
| 跟踪 | gēnzōng | （动） | 3 |
| 工薪族 | gōngxīnzú | （名） | 8 |
| 公关 | gōngguān | （名） | 11 |
| 公益 | gōngyì | （名） | 13 |
| 贡献 | gòngxiàn | （名、动） | 2 |
| 沟通 | gōutōng | （动） | 3 |
| 孤独 | gūdú | （形） | 6 |
| 鼓励 | gǔlì | （动） | 16 |
| 故障 | gùzhàng | （名） | 12 |
| 观念 | guānniàn | （名） | 4 |
| 观望 | guānwàng | （动） | 8 |
| 官司 | guānsi | （名） | 7 |
| 管用 | guǎnyòng | （形） | 11 |
| 光荣 | guāngróng | （形） | 12 |
| 规模 | guīmó | （名） | 1 |
| 轨道 | guǐdào | （名） | 16 |
| 国际奥委会 | Guójì Àowěihuì | （专名） | 15 |

| 过激 | guòjī | (形) | 10 |
|---|---|---|---|

## H

| 焊 | hàn | (动) | 12 |
|---|---|---|---|
| 恒心 | héngxīn | (名) | 5 |
| 红火 | hónghuo | (形) | 10 |
| 红十字会 | Hóngshízìhuì | (专名) | 13 |
| 后备 | hòubèi | (形) | 10 |
| 忽略 | hūlüè | (动) | 6 |
| 划算 | huásuàn | (形) | 11 |
| 化肥 | huàféi | (名) | 14 |
| 缓冲 | huǎnchōng | (动) | 12 |
| 缓解 | huǎnjiě | (动) | 16 |
| 患者 | huànzhě | (名) | 9 |
| 回报 | huíbào | (动、名) | 13 |
| 回避 | huíbì | (动) | 7 |
| 回扣 | huíkòu | (名) | 9 |
| 活跃 | huóyuè | (形) | 6 |
| 火爆 | huǒbào | (形) | 10 |
| 火箭 | huǒjiàn | (名) | 12 |

## J

| 机床 | jīchuáng | (名) | 12 |
|---|---|---|---|
| 机关 | jīguān | (名) | 16 |
| 鸡毛蒜皮 | jī máo suàn pí | | 3 |
| 激烈 | jīliè | (形) | 1 |
| 极端 | jíduān | (名、形) | 14 |
| 记载 | jìzǎi | (动) | 2 |
| 技师 | jìshī | (名) | 12 |
| 寂寞 | jìmò | (形) | 6 |
| 加工 | jiāgōng | (动) | 2 |
| 价廉物美 | jià lián wù měi | | 16 |
| 坚守 | jiānshǒu | (动) | 15 |

| 检测 | jiǎncè | (动) | 12 |
|---|---|---|---|
| 简陋 | jiǎnlòu | (形) | 1 |
| 降临 | jiànglín | (动) | 13 |
| 交叉 | jiāochā | (动) | 16 |
| 焦虑 | jiāolǜ | (形) | 5 |
| 绞尽脑汁 | jiǎo jìn nǎo zhī | | 5 |
| 教育部 | jiàoyùbù | (名) | 8 |
| 阶层 | jiēcéng | (名) | 8 |
| 接受 | jiēshòu | (动) | 15 |
| 接着 | jiēzhe | (动) | 2 |
| 揭晓 | jiēxiǎo | (动) | 8 |
| 节约 | jiéyuē | (动) | 14 |
| 界定 | jièdìng | (动) | 15 |
| 借鸡下蛋 | jiè jī xià dàn | | 10 |
| 借鉴 | jièjiàn | (名) | 4 |
| 金婚 | jīnhūn | (名) | 3 |
| 金融 | jīnróng | (名) | 7 |
| 尽其所能 | jìn qí suǒ néng | | 15 |
| 晋升 | jìnshēng | (动) | 12 |
| 精力不济 | jīnglì bú jì | | 9 |
| 精巧 | jīngqiǎo | (形) | 2 |
| 景观 | jǐngguān | (名) | 2 |
| 景气 | jǐngqì | (形) | 11 |
| 竞争 | jìngzhēng | (动) | 5 |
| 镜泊湖 | Jìngpō Hú | (专名) | 1 |
| 镜头 | jìngtóu | (名) | 15 |
| 救助 | jiùzhù | (动) | 13 |
| 局限 | júxiàn | (动) | 15 |
| 卷 | juǎn | (动) | 4 |
| 决策 | juécè | (名) | 9 |
| 决赛 | juésài | (名) | 10 |
| 绝活 | juéhuó | (名) | 12 |

## K

| | | | |
|---|---|---|---|
| 开导 | kāidǎo | （动） | 1 |
| 开辟 | kāipì | （动） | 16 |
| 开庭 | kāitíng | （动） | 7 |
| 苛求 | kēqiú | （动） | 10 |
| 可见一斑 | kějiàn yì bān | | 16 |
| 刻骨铭心 | kè gǔ míng xīn | | 10 |
| 刻意 | kèyì | （副） | 4 |
| 恐怖 | kǒngbù | （形） | 10 |
| 空闲 | kòngxián | （形、名） | 6 |
| 苦闷 | kǔmèn | （形） | 4 |
| 夸大 | kuādà | （动） | 4 |
| 快捷 | kuàijié | （形） | 8 |
| 宽容 | kuānróng | （形） | 3 |
| 困扰 | kùnrǎo | （动） | 8 |

## L

| | | | |
|---|---|---|---|
| 懒散 | lǎnsǎn | （形） | 5 |
| 唠叨 | láodao | （动） | 6 |
| 冷落 | lěngluò | （动） | 6 |
| 冷战 | lěngzhàn | （名） | 3 |
| 劣质 | lièzhì | （形） | 4 |
| 淋漓尽致 | línlí jìn zhì | | 7 |
| 灵活 | línghuó | （形） | 1 |
| 领域 | lǐngyù | （名） | 7 |
| 落实 | luòshí | （动） | 16 |

## M

| | | | |
|---|---|---|---|
| 蔓延 | mànyán | （动） | 14 |
| 盲目 | mángmù | （形） | 5 |
| 媒体 | méitǐ | （名） | 12 |
| 魅力 | mèilì | （名） | 4 |
| 迷信 | míxìn | （名、动） | 11 |
| 秘诀 | mìjué | （名） | 3 |
| 密度 | mìdù | （名） | 16 |
| 面临 | miànlín | （动） | 5 |
| 灭绝 | mièjué | （动） | 14 |
| 敏感 | mǐngǎn | （形） | 4 |
| 名额 | míng'é | （名） | 15 |
| 名誉 | míngyù | （名） | 10 |
| 明智 | míngzhì | （形） | 5 |
| 模式 | móshì | （名） | 14 |
| 默默 | mòmò | （副） | 15 |

## N

| | | | |
|---|---|---|---|
| 纳入 | nàrù | （动） | 9 |
| 南极洲 | Nánjízhōu | （专名） | 14 |
| 脑海 | nǎohǎi | （名） | 7 |
| 内涵 | nèihán | （名） | 15 |
| 能工巧匠 | néng gōng qiǎo jiàng | | 12 |
| 能源 | néngyuán | （名） | 14 |
| 泥罐 | níguàn | （名） | 4 |
| 泥潭 | nítán | （名） | 4 |
| 拟定 | nǐdìng | （动） | 3 |
| 碾 | niǎn | （动） | 2 |
| 浓郁 | nóngyù | （形） | 11 |
| 怒火 | nùhuǒ | （名） | 3 |

## P

| | | | |
|---|---|---|---|
| 旁听 | pángtīng | （动） | 7 |
| 配送公司 | pèisòng gōngsī | | 8 |
| 配套 | pèitào | （动） | 16 |
| 配置 | pèizhì | （动） | 8 |
| 烹调 | pēngtiáo | （动） | 2 |
| 疲于奔命 | pí yú bēn mìng | | 9 |

| 拼搏 | pīnbó | （动） | 5 |
| 频率 | pínlǜ | （名） | 3 |
| 品味 | pǐnwèi | （名） | 15 |
| 平衡 | pínghéng | （形、名） | 2 |
| 平息 | píngxī | （动） | 3 |
| 剖腹产 | pōufùchǎn | （名） | 9 |
| 浦东 | Pǔdōng | （专名） | 12 |
| 普及 | pǔjí | （动） | 8 |

## Q

| 期望值 | qīwàngzhí | （名） | 4 |
| 齐刷刷 | qíshuāshuā | （形） | 4 |
| 起草 | qǐcǎo | （动） | 3 |
| 起源 | qǐyuán | （名、动） | 10 |
| 气息 | qìxī | （名） | 11 |
| 器材 | qìcái | （名） | 10 |
| 前提 | qiántí | （名） | 16 |
| 抢救 | qiǎngjiù | （动） | 12 |
| 巧合 | qiǎohé | （名） | 11 |
| 轻音乐 | qīngyīnyuè | （名） | 9 |
| 清热 | qīngrè | （动） | 2 |
| 清香扑鼻 | qīngxiāng pū bí | | 2 |
| 情绪 | qíngxù | （名） | 13 |
| 秋高气爽 | qiū gāo qì shuǎng | | 3 |
| 趋势 | qūshì | （名） | 8 |
| 渠道 | qúdào | （名） | 13 |
| 取向 | qǔxiàng | （名） | 12 |
| 缺乏 | quēfá | （形、动） | 1 |

## R

| 燃烧 | ránshāo | （动） | 14 |
| 热门 | rèmén | （形） | 13 |
| 热衷 | rèzhōng | （动） | 9 |
| 人文 | rénwén | （名） | 15 |
| 忍让 | rěnràng | （动） | 3 |
| 认可 | rènkě | （动） | 12 |
| 荣辱兴衰 | róngrǔ xīngshuāi | | 10 |
| 容纳 | róngnà | （动） | 16 |
| 融洽 | róngqià | （形） | 3 |
| 揉 | róu | （动） | 6 |
| 如雷贯耳 | rú léi guàn ěr | | 12 |
| 弱势群体 | ruòshì qúntǐ | | 13 |

## S

| 煽风点火 | shān fēng diǎn huǒ | | 10 |
| 设施 | shèshī | （名） | 1 |
| 身怀绝技 | shēn huái jué jì | | 12 |
| 审理 | shěnlǐ | （动） | 7 |
| 生态 | shēngtài | （名） | 14 |
| 十味：甜(tián)、酸(suān)、苦(kǔ)、辣(là)、咸(xián)、臭(chòu)、糟(zāo)、麻(má)、霉(méi)、鲜(xiān) | | | 2 |
| 时过境迁 | shí guò jìng qiān | | 15 |
| 事业 | shìyè | （名） | 6 |
| 视而不见 | shì ér bú jiàn | | 1 |
| 视角 | shìjiǎo | （名） | 13 |
| 收益 | shōuyì | （名） | 13 |
| 手段 | shǒuduàn | （名） | 8 |
| 束手无策 | shù shǒu wú cè | | 5 |
| 诉讼 | sùsòng | （动） | 7 |
| 素养 | sùyǎng | （名） | 10 |
| 算命 | suànmìng | （动） | 11 |
| 隧道 | suìdào | （名） | 12 |
| 琐碎 | suǒsuì | （形） | 3 |

## T

| 踏实 | tāshi | （形） | 8 |
| 太阳能 | tàiyángnéng | （名） | 14 |
| 瘫痪 | tānhuàn | （动） | 16 |
| 探 | tàn | （动） | 1 |
| 腾 | téng | （动） | 16 |
| 提倡 | tíchàng | （动） | 16 |
| 体能 | tǐnéng | （名） | 10 |
| 体系 | tǐxì | （名） | 1 |
| 体制 | tǐzhì | （名） | 9 |
| 天然气 | tiānránqì | （名） | 14 |
| 添置 | tiānzhì | （动） | 8 |
| 填补 | tiánbǔ | （动） | 11 |
| 调料 | tiáoliào | （名） | 2 |
| 调整 | tiáozhěng | （动） | 4 |
| 听任 | tīngrèn | （动） | 9 |
| 统计 | tǒngjì | （动） | 12 |
| 突破 | tūpò | （动） | 5 |
| 图 | tú | （动） | 6 |
| 推动 | tuīdòng | （动） | 8 |
| 拓宽 | tuòkuān | （动） | 16 |

## W

| 网络 | wǎngluò | （名） | 8 |
| 危机 | wēijī | （名） | 4 |
| 威胁 | wēixié | （动） | 14 |
| 维修 | wéixiū | （动） | 12 |
| 尾气 | wěiqì | （名） | 16 |
| 委屈 | wěiqu | （动、名） | 9 |
| 畏惧 | wèijù | （动） | 13 |
| 温馨 | wēnxīn | （形） | 6 |
| 文献 | wénxiàn | （名） | 2 |

| 无私 | wúsī | （形） | 15 |
| 无忧无虑 | wú yōu wú lǜ | | 13 |
| 无缘 | wúyuán | （动） | 5 |
| 无止境 | wú zhǐjìng | | 13 |
| 五谷杂粮 | wǔ gǔ zá liáng | | 9 |
| 物色 | wùsè | （动） | 9 |
| 物种 | wùzhǒng | （名） | 14 |
| 悟性 | wùxìng | （名） | 10 |

## X

| 希腊 | Xīlà | （专名） | 15 |
| 息息相关 | xī xī xiāng guān | | 14 |
| 洗手不干 | xǐ shǒu bú gàn | | 11 |
| 细致 | xìzhì | （形） | 2 |
| 下岗 | xiàgǎng | （动） | 4 |
| 下载 | xiàzài | （动） | 8 |
| 嫌疑 | xiányí | （名） | 10 |
| 显著 | xiǎnzhù | （形） | 1 |
| 限制 | xiànzhì | （动） | 15 |
| 相称 | xiāngchèn | （形） | 1 |
| 潇洒 | xiāosǎ | （形） | 13 |
| 晓之以理 | xiǎo zhī yǐ lǐ | | 5 |
| 协调 | xiétiáo | （形、动） | 3 |
| 协议 | xiéyì | （名） | 3 |
| 心理 | xīnlǐ | （名） | 4 |
| 新颖 | xīnyǐng | （形） | 2 |
| 信誉 | xìnyù | （名） | 11 |
| 刑事 | xíngshì | （名） | 7 |
| 兴味盎然 | xìngwèi àngrán | | 1 |
| 幸运儿 | xìngyùn'ér | （名） | 15 |

## Y

| 淹 | yān | （动） | 1 |

| | | | | | | | |
|---|---|---|---|---|---|---|---|
| 延续 | yánxù | （动） | 15 | 张罗 | zhāngluo | （动） | 6 |
| 掩盖 | yǎngài | （动） | 5 | 折扣 | zhékòu | （名） | 9 |
| 眼界 | yǎnjiè | （名） | 13 | 阵容 | zhènróng | （名） | 1 |
| 厌学 | yànxué | （动） | 5 | 争取 | zhēngqǔ | （动） | 13 |
| 养殖 | yǎngzhí | （动） | 11 | 正经 | zhèngjing | （形） | 11 |
| 医疗 | yīliáo | （动） | 13 | 正视 | zhèngshì | （动） | 9 |
| 依赖 | yīlài | （动） | 3 | 正义 | zhèngyì | （名） | 7 |
| 一目了然 | yí mù liǎo rán | | 11 | 证据 | zhèngjù | （名） | 7 |
| 一味 | yíwèi | （副） | 10 | 证券 | zhèngquàn | （名） | 7 |
| 一条龙 | yìtiáolóng | （名） | 1 | 指责 | zhǐzé | （动） | 3 |
| 意味着 | yìwèizhe | （动） | 14 | 制定 | zhìdìng | （动） | 1 |
| 阴郁 | yīnyù | （形） | 4 | 制作 | zhìzuò | （动） | 2 |
| 应试教育 | yìngshì jiàoyù | | 5 | 致敬 | zhìjìng | （动） | 15 |
| 赢得 | yíngdé | （动） | 1 | 中超联赛 | Zhōngchāo Liánsài | | |
| 踊跃 | yǒngyuè | （形） | 15 | | | （专名） | 10 |
| 用心良苦 | yòng xīn liáng kǔ | | 9 | 衷心 | zhōngxīn | （形） | 15 |
| 幽默 | yōumò | （形） | 4 | 昼夜 | zhòuyè | （名） | 5 |
| 油耗 | yóuhào | （名） | 14 | 主干道 | zhǔgàndào | （名） | 16 |
| 有鉴于此 | yǒu jiàn yú cǐ | | 9 | 主科 | zhǔkē | （名） | 5 |
| 有勇无谋 | yǒu yǒng wú móu | | 10 | 转移 | zhuǎnyí | （动） | 9 |
| 愚昧 | yúmèi | （形） | 11 | 装置 | zhuāngzhì | （名） | 12 |
| 愚弄 | yúnòng | （动） | 1 | 追溯 | zhuīsù | （动） | 15 |
| 舆论 | yúlùn | （名） | 10 | 咨询 | zīxún | （动） | 8 |
| 愈演愈烈 | yù yǎn yù liè | | 11 | 资格 | zīgé | （名） | 10 |
| 冤案 | yuān'àn | （名） | 7 | 资料 | zīliào | （名） | 11 |
| 冤家 | yuānjia | （名） | 3 | 资源 | zīyuán | （名） | 1 |
| 冤枉 | yuānwang | （动、形） | 9 | 滋长 | zīzhǎng | （动） | 9 |
| 允诺 | yǔnnuò | （动） | 7 | 自动化 | zìdònghuà | （动） | 8 |
| | | | | 自首 | zìshǒu | （动） | 7 |

**Z**

| | | | | | | | |
|---|---|---|---|---|---|---|---|
| | | | | 自尊心 | zìzūnxīn | （名） | 5 |
| 灾难 | zāinàn | （名） | 14 | 组委会 | zǔwěihuì | （名） | 15 |
| 诈骗 | zhàpiàn | （动） | 7 | | | | |

对外汉语短期强化系列教材

A series of Chinese textbooks for short-term intensive training programs for foreigners

# SHORT-TERM LISTENING CHINESE

第二版
2nd Edition

# 汉语听力速成

## 中级篇
Intermediate

**录音文本及练习答案**

毛悦 ■ 主编　　毛悦　王彦杰 ■ 编著

北京语言大学出版社
BEIJING LANGUAGE AND CULTURE
UNIVERSITY PRESS

# 目 录

第 一 课　外出旅游　*(1)*

第 二 课　吃的学问　*(7)*

第 三 课　我们夫妇之间　*(12)*

第 四 课　离婚之后　*(17)*

第 五 课　长大成人　*(22)*

第 六 课　常回家看看　*(28)*

第 七 课　律师　*(33)*

第 八 课　电脑与网络　*(37)*

第 九 课　医生与病人　*(42)*

第 十 课　球迷侃球　*(47)*

第十一课　农民信科学　*(53)*

第十二课　工人有技术　*(58)*

第十三课　假如我中奖了　*(63)*

第十四课　气候变暖　*(68)*

第十五课　奥运会志愿者　*(73)*

第十六课　城市交通　*(78)*

录音文本及答案

# 第一课　外出旅游

## 三、热身练习

### （一）词语练习

**2. 听句子，写出刚学过的生词。**

(1) 海南省的旅游<u>资源</u>非常丰富，对海内外旅游者具有很强的吸引力。

(2) 世界男子乒乓球的<u>格局</u>正在朝着各队实力相近、水平相当的趋势发展。

(3) 京剧名家将在长安大戏院演出传统剧目，演员<u>阵容</u>非常强大。

(4) 为了<u>筹备</u>这台晚会，一年来，他牺牲了自己全部的休息日。

(5) 这个城市的一些角落，脏乱现象非常严重，与这样一个现代化大都市很不<u>相称</u>。

(6) 很多校舍非常<u>简陋</u>，教学<u>设</u>施也很落后。

(7) 我们应该<u>制定</u>相应的政策和法律，以保护现有的森林<u>资</u>源。

(8) 一些人大搞迷信活动，<u>愚弄</u>群众，毒害青少年。

(9) 最近举行了一次销毁伪劣商品的活动，<u>规模</u>不小。

(10) 我们不能只看学习成绩，对孩子其他方面的优点<u>视而不见</u>。

**3. 连线，组成短语。**

(1)
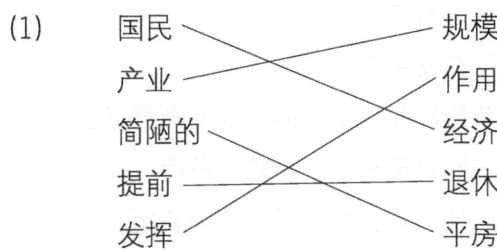

1

(2)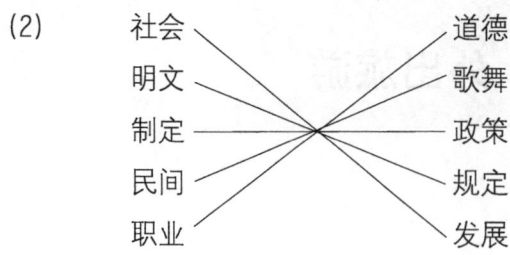

## (二) 句子练习

### 1. 听句子，判断正误。🎧

(1) 到了午饭时间，司机和导游对景点附近的饭店、酒楼视而不见。

(2) 餐厅里边脏乱不说，价格更贵得惊人。

(3) 由于起步晚，基础差，中国快餐业与发达国家相比还有较大差距。

(4) 长城是京郊旅游的重头戏，有关部门明文规定停留时间不得少于两个小时。

(1) ×   (2) √   (3) √   (4) √

### 2. 听后模仿。🎧

(1) 中国正在成为世界上主要旅游目的地之一。
农业正在成为经济生活中的难点之一。
汽车工业被认为是对人类社会影响最大的产业之一。

(2) 现在旅客可以根据自己的意愿选择不同的价位。
旅客可以根据自己的意愿选择不同的旅游路线。
学生可以根据自己的情况选择不同的学习方式。

(3) 随着生活水平的提高，外出旅游的人越来越多。
随着经济的发展，人们的消费观念正在发生变化。
随着更为灵活的上班制度的实现，节假日和休闲时间正在逐渐增多。

(4) 由于学习时间短，我的口语能力与其他同学相比还有较大差距。
由于基础差，我们宾馆的服务能力与其他宾馆相比还有较大差距。
由于起步晚，中国旅游业与旅游发达国家相比还有较大差距。

## 四、听课文做练习

### 课文一

改革开放二十几年来,中国旅游业在国民经济和社会发展中发挥着越来越显著的作用。现在,中国旅游业已经具备一定的产业规模,形成了"旅行、游览、住宿、饮食、购物、娱乐"一条龙的产业体系,并呈现出国内旅游、入境旅游、出境旅游三种形式共同发展的新格局。中国正在成为世界上主要旅游目的地之一。但是,由于起步晚,基础差,中国旅游业与世界旅游发达国家相比还有较大差距,这与中国"旅游资源大国"的地位很不相称。而且各国在旅游市场方面的争夺将越来越激烈。因此,旅游业要想立于不败之地,实现更大的发展,经营者就必须制定有效的政策,包括有吸引力的价格、良好的服务质量、安全卫生方面的保障以及加强基础设施建设等。

**1. 听后判断正误。**

(1) ×　　(2) √　　(3) ×　　(4) √　　(5) √

### 课文二

主持人：随着生活水平的提高,外出旅游的人越来越多。今天我们一起聊一聊旅游这个话题。

游客一：元旦的时候,我参加了一次市郊一日五游,有一种上当受骗的感觉。开始没觉出什么来,到了午饭时间,司机和导游对景点附近的饭店、酒楼视而不见,拐弯抹角把我们拉到了一排简陋的平房前边,里边脏乱不说[1],价格更贵得惊人,最便宜的豆腐11元一小盘,鸡蛋汤8元一碗,米饭2元一小碗。导游还"开导"我们：旅游主要是玩好,至于吃饭,凑合一顿就行；如果嫌不好,可以不吃,买其他食品。可是那里只有那一个吃饭的地方,也没有其他食品供应,游客只能掏钱。

游客二：我也参加过一日五游,心里也不好受。本来长城是一日五游的重头戏,有关部门明文规定停留时间不得少于两个小时[2]。我们下午四点在长城下车,导游却要求人们五点二十返回。他的理由是：一、长城上风大而且天快黑了,待久了没意思。二、回程要赶两个小时的路,不能回去太晚。那一天,我们真正用在观赏游玩上的时间最多只有4个小时。

主持人：旅行社的人来了没有，我们听一听他们的看法。

旅行社职员一：这种现象确实有。一个原因是旅行社竞争非常厉害，价钱越来越低，不得已可能会做出一些有损游客利益的事[3]。另一个原因是个别导游缺乏职业道德。其实，旅行社和导游也不容易做。

主持人：组织旅游团也很辛苦吗？

旅行社职员一："万事开头难"，对这句话我们要比常人体会得更深。旅行社刚成立的时候，我们听说沈阳有个订货会，会后要到镜泊湖旅游，便连夜赶到沈阳，直接与会议筹备人协商。靠我们的真诚赢得了对方的信任，第一笔生意谈成了！跑车、跑票、跑饭店……当时去镜泊湖的路有一段被水淹了，因为担心路坏了有危险，我们先下水从这头走到那头探路。那种苦不干导游是没法想象的。

旅行社职员二：搞旅游得处处为旅客着想。以前同样的路线，同样的级别标准，各个旅行社的收费大体是一样的，都包旅客吃饭和买门票，价位也订得高一些。但是现在旅客可以根据自己的意愿选择不同的价位。比如有些旅客愿意自主用餐，自选景点，这样价位就很低，旅行社的钱少赚了一点儿，顾客却是满意的。

主持人：现在旅游的人数增长很快，旅行社的生意肯定会越来越好。旅游人数迅速增长有很多原因，大家能不能再谈谈这个问题？

游客一：去旅游，一要有钱，二要有时间。随着经济的发展，人们的收入不断增加。其次，随着更为灵活的上班制度的实现，节假日和休闲时间增多，人们有时间也有机会外出旅游。第三，单身朋友及无子女夫妇数量的增加，也会扩大旅游者的队伍。第四，退休的人增多，他们中很多人也加入了旅游者的行列。

主持人：旅游作为一种消费，已经被大多数人所接受[4]。但愿我们能有更多的机会外出旅游。


（大家的观点）

观众一：导游与导购，本是两个行当。眼下在一些旅游区，一些导游却很像"高明"的导购。游客不仅花了冤枉钱，还在心理上产生一种被愚弄的感觉。旅行社和导游应该对游客负责。

观众二：旅游点商贩要文明经商。有些旅游景点，商贩常常将游客围住，高价推销商品。游客不愿买，他们便不放行。商贩们如此做生意[5]，实在缺乏职业道德。建议有关部门加强对旅游景点商贩的管理。

观众三：海外游客到中国旅游，晚上常常无事可做。有人称做"白天看庙，晚上睡觉"。在韩国首尔，如果感兴趣的话，游客每天晚上都可以去看韩国的民间歌舞。剧场不大，演员的阵容也很一般，然而，其节目内容绝对是"韩国"的，民族风情浓厚，深受东方文化圈以外的美洲、欧洲旅游者的喜爱。如果中国各地的民间歌舞都能开发出来，让海外旅游者晚上也能兴味盎然，中国的旅游业就能更上一层楼。

1. 听后选择正确答案。

    (1) 两位游客参加市郊一日五游感觉很不好。下面哪种情况不是真的？　　(C)
    (2) "长城是一日五游的重头戏"，这句话应该怎么理解？　　(B)
    (3) 旅行社的哪种做法是旅客不满意的？　　(D)
    (4) 下面哪种情况不会使旅游的人数增长？　　(C)

2. 听后填空，并叙述每个段落。

    (1) 到了午饭时间，司机和导游对景点附近的饭店、酒楼视而不见，拐弯抹角把我们拉到了一排简陋的平房前边，里边脏乱不说，价格更贵得惊人。

    (2) 导游还"开导"我们：旅游主要是玩好，至于吃饭，凑合一顿就行，如果嫌不好，可以不吃，买其他食品。可是那里只有那一个吃饭的地方，也没有其他食品供应，游客只能掏钱。

    (3) 本来长城是一日五游的重头戏，有关部门明文规定停留时间不得少于两个小时。我们下午四点在长城下车，导游却要求人们五点二十返回。他的理由是：一、长城上风大而且天快黑了，待久了没意思。二、回程要赶两个小时的路，不能回去太晚。

    (4) 旅行社刚成立的时候，我们听说沈阳有个订货会，会后要到镜泊湖旅游，便连夜赶到沈阳，直接与会议筹备人协商。靠我们的真诚赢得了对方的信任，第一笔生意谈成了！跑车、跑票、跑饭店……当时去镜泊湖的路有一段被水淹了，因为担心路坏了有危险，我们先下水从这头走到那头探路。那种苦不干导游是没法想象的。

    (5) 去旅游，一要有钱，二要有时间。随着经济的发展，人们的收入不断增加。其次，随着更为灵活的上班制度的实现，节假日和休闲时间增多，人们有时间也有机会外出旅游。第三，单身朋友及无子女夫妇数量的增加，也会扩大旅游者的队伍。第四，退休的人增多，他们中很多人也加入了旅游者的行列。

(6) 海外游客到中国旅游，晚上常常无事可做。有人称做"白天看庙，晚上睡觉"。在韩国首尔，如果感兴趣的话，游客每天晚上都可以去看韩国的民间歌舞。剧场不大，演员的阵容也很一般，然而，其节目内容绝对是"韩国"的，民族风情浓厚，深受东方文化圈以外的美洲、欧洲旅游者的喜爱。

录音文本及答案

## 第二课  吃的学问

### 三、热身练习

#### （一）词语练习

**1. 听句子，写出刚学过的生词。** 🎧

(1) 据<u>文献</u>记载，那个地区原来生活着很多动物。

(2) 春天天气干燥，气温回升，具备<u>清热</u>功能的蔬菜卖得很好。

(3) 走进花园，鲜花盛开，<u>清香</u>扑鼻。

(4) 这种药片小孩吃太大，你应该先把它<u>捣</u>碎了，<u>碾</u>成粉，喂起来就方便多了。

(5) 昨天我去书店，买了好几本<u>烹调</u>方面的书回来。

(6) 他觉得去也不好，不去也不好，<u>尴尬</u>极了。

(7) 黄山以它独特的<u>景观</u>吸引着游客。

(8) 我吃饱了，你们<u>接着</u>吃。

(9) 你这种做法太小家子气，难登<u>大雅之堂</u>。

(10) 海面上风浪太大，站在船上，身体难以保持<u>平衡</u>。

**2. 根据下列简称写出全称。**

鲁：<u>山东省</u>　　川：<u>四川省</u>　　粤：<u>广东省</u>　　闽：<u>福建省</u>

苏：<u>江苏省</u>　　浙：<u>浙江省</u>　　徽：<u>安徽省</u>　　湘：<u>湖南省</u>

#### （二）句子练习

**1. 听句子，判断正误。** 🎧

(1) 杭州以西湖的美景著称于世。

(2) 根据文献记载，茶最初被当做一种药材，后来在医药实践中，人们认识到茶还可以充当饮料。

(3) 唐宋时期流行煮茶，就是把茶和调料一起煮。宋元以后改为泡茶，不加调料，人们才尝到了茶的清香。

(4) 中国菜有的以人名命名，有的以地名命名，有的以花的名字命名，还有根据菜的形状、颜色和味道取名。

(1) √    (2) ×    (3) √    (4) √

## 2. 听后模仿。

(1) 阿拉伯国家以盛产石油著称。
江西景德镇以盛产瓷器著称，景德镇又被称为瓷都。
2008年5月12日的四川大地震，使全世界认识了以乐观坚强著称的中国四川人。

(2) 最近，越来越多新的楼盘以数字命名，比如"长江路8号"、"花园路9号"。
这个城市的街道有的以历史人物的名字命名，如中山路；有的以城市的名字命名，如南京路。
这个体操动作是以发明这个动作的运动员的名字命名的。

(3) 据记载，中国人过春节已经有四千多年的历史了。
据记载，中国的京剧是19世纪中期在北京地区逐渐形成的。
据中国古代医书记载，姜对人的身体很有好处，常吃姜可以去寒气、防感冒。

## 四、听课文做练习

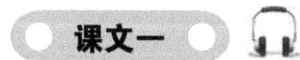

茶的发现和利用是中国人对人类文化的一大贡献。茶至今仍是世界三大饮料之一。根据文献记载[1]，茶最初被当做一种药材，后来在医药实践中，人们才认识到茶不但可以治病，而且可以清热解渴，味道也清香扑鼻，是一种很好的饮料。

中国人的饮茶方式，随历史的发展而不断变化。唐宋时期通行煮茶，方法是先把茶叶碾成碎末，制成茶团，饮用时把茶捣碎，加入葱、姜、橘子皮、枣和盐等调料一起煮。煮茶不但做起来麻烦，喝起来也没有茶叶的本味。宋元以后，改为泡茶，而且不加调料，人们尝到了茶的清香。

**听后判断正误。**

(1) √    (2) ×    (3) ×    (4) ×

## 课文二

主持人：咱们今天谈的是饮食文化，吃的话题。中国地方很大，按各地饮食习惯和食物的条件，形成各地不同的风味，也就是不同的菜系。通常说的"八大菜系"是：鲁、川、粤、闽、苏、浙、徽、湘。咱们先从张先生开始说说他家乡的川菜。

张先生：川菜比较接近大众，家常气息较浓，风味小吃更是有名。特点是，以麻辣著称[2]，加工细致，富于变化。川菜的名菜有"宫保鸡丁、怪味鸡丁、麻婆豆腐"等，都是国内外驰名的。

主持人：我听过一种解释。意思是说四川的菜，四种菜里面有三种都是辣，没什么新鲜的。到炒菜的时候，整个四川盆地里边全是辣味，抽油烟机里吹出的也全是辣味。有人说，到了四川，喝牛奶都要注意，牛奶也是辣的，因为牛呼吸了带辣味的空气以后，产的牛奶都是辣的。

陈先生：有一种说法是"北京人什么都敢说，上海人什么都敢穿，广东人什么都敢吃"。广东人懂吃，特别会吃。

主持人：粤菜的优势在什么地方？

陈先生：不生不熟，不咸不淡，不多不少，制作精巧，花色繁多，美观新颖，烹调技术吸收了西餐的特长。著名菜肴很多，仅蛇菜就有好几十种。

主持人：听说因为各地风俗不一样，在菜肴取名上也不相同。

张先生：有的以人名命名[3]，比如"麻婆豆腐、宫保鸡丁、东坡肉"等等；有的以地名命名，如"西湖醋鱼、北京烤鸭"；还有的以花的名字命名，有"牡丹鳜鱼、桂花肉、荷花包子"；以草药命名的有"虫草金鸡、陈皮牛肉"等；根据菜的形状定名字的有"口袋豆腐、菊花肉、金鱼蒸饺"等；还有"双黄鱼片、红白豆腐"是以色取名；"麻辣鸡片、双味全鱼"是以味取名，等等。

（大家的观点）

高先生：我来讲一个故事。我们到德国汉堡的时候，主人请客，十个人一桌，上了一盆盐水虾，接着是一个玻璃大碗，里面是凉水，我们中间有一位老兄渴了，他端起这碗水喝了，他喝完了以后，我们就觉得有点儿坐不住了，觉得不大自在。主人也非常尴尬，因为这水是用来洗手的。可主人稍微愣了一下以后，端起这个碗也把水喝了，我们大家也跟着把水都喝了，所以当时就把尴尬的场面解决了。吃是一种文化，中国人提倡"和"，和为贵，在外交场合，外事场合，在谈判场合，朋友之间交际，所有吃的问题，我觉得都要和"和"这个字联系起来。

徐先生：我生在四川，三岁到北京，再去四川的时候，已经二十多岁了。我到四川时发现四川的饭馆里<u>景观</u>可特殊了，吃饭的人，每人一块白毛巾。饭馆里的水池子，不太讲究，就是普通的水池子，自来水哗啦哗啦地流。吃热了的人，拿着自个的毛巾跑到自来水管子那儿就擦，擦完以后，人凉快点儿，<u>接着再</u>吃。

王女士：我觉得四大菜系都有自己不可克服的缺点，比如说鲁菜，重油重色不重吃。川菜的主要特点是普及性很强，可是难登<u>大雅之堂</u>。淮扬菜，太重视形式。粤菜吸收了很多西方方式，可吃不饱看不懂，有很多西菜做法，重形不重味。我个人觉得，普及大众的饮食文化知识，重视家常菜，无菜系菜是发展方向。

营养师：中国的饮食文化是最好的，它好就好在杂。杂就是要平衡，各大菜系都是要<u>掌握平衡</u>。中国人讲究平衡，辣跟不辣的平衡，油腻跟清淡的平衡，干跟稀的平衡，寒跟热的平衡，酸跟碱的平衡，从各个方面平衡。日本人配菜很好，红的绿的，最后一杯牛奶，西红柿、胡萝卜、柿子椒，日本人很早就有营养法。日本人搭配得很好，可是他们不重视吃，他们是用眼睛吃饭，就是看。那么欧洲菜呢？全是香料，欧洲人是用鼻子吃饭的。法国人是用心吃饭，什么东西配红葡萄酒，什么东西配白葡萄酒，什么东西都要想想。美国人呢？就是用脑子吃饭。"这个能吃吗？""这个卫生吗？"中国人用舌头吃饭，就像刚才各位美食家说的那样，八大菜系中，除了<u>甜</u>、<u>酸</u>、<u>苦</u>、<u>辣</u>、<u>咸</u>五味以外，我们还有五味——<u>臭</u>、<u>糟</u>、<u>麻</u>、<u>霉</u>、<u>鲜</u>，就是用这十种东西变成八大菜系。

## 2. 听后填空，并叙述每个段落。🎧

(1) 各地菜肴取名的方式。

　　有的以人名命名，比如<u>麻婆豆腐</u>、<u>宫保鸡丁</u>、<u>东坡肉</u>等等；有的以地名命名，如<u>西湖醋鱼</u>、<u>北京烤鸭</u>；还有的以花的名字命名，有<u>牡丹鳜鱼</u>、<u>桂花肉</u>、<u>荷花包子</u>；以草药命名的有<u>虫草金鸡</u>、<u>陈皮牛肉</u>等；根据菜的形状定名字的有<u>口袋豆腐</u>、<u>菊花肉</u>、<u>金鱼蒸饺</u>等；还有<u>双黄鱼片</u>、<u>红白豆腐</u>是以色取名；<u>麻辣</u>

鸡片、双味全鱼是以味取名等等。

(2) 四大菜系的缺点。

我觉得四大菜系都有自己不可克服的缺点，比如说鲁菜，重油重色不重吃。川菜的主要特点是普及性很强，可是难登大雅之堂。淮扬菜，太重视形式。粤菜吸收了很多西方方式，可吃不饱看不懂，有很多西菜做法，重形不重味。我个人觉得，普及大众的饮食文化知识，重视家常菜，无菜系菜是发展方向。

(3) 各国饮食文化的异同。

中国的饮食文化是最好的，它好就好在杂。杂就是要平衡，各大菜系都是要掌握平衡。中国人讲究平衡，辣跟不辣的平衡，油腻跟清淡的平衡，干跟稀的平衡，寒跟热的平衡，酸跟碱的平衡，从各个方面平衡。日本人配菜很好，红的绿的，最后一杯牛奶，西红柿、胡萝卜、柿子椒，日本人很早就有营养法。日本人搭配得很好，可是他们不重视吃，他们是用眼睛吃饭，就是看。那么欧洲菜呢？全是香料，欧洲人是用鼻子吃饭的。法国人是用心吃饭，什么东西配红葡萄酒，什么东西配白葡萄酒，什么东西都要想想。美国人呢？就是用脑子吃饭。"这个能吃吗？""这个卫生吗？"中国人用舌头吃饭。就像刚才各位美食家说的那样，八大菜系中，除了甜、酸、苦、辣、咸五味以外，我们还有五味——臭、糟、麻、霉、鲜，就是用这十种东西变成八大菜系。

录音文本及答案

# 第三课　我们夫妇之间

## 三、热身练习

### （一）词语练习

2. 连线，组成短语。

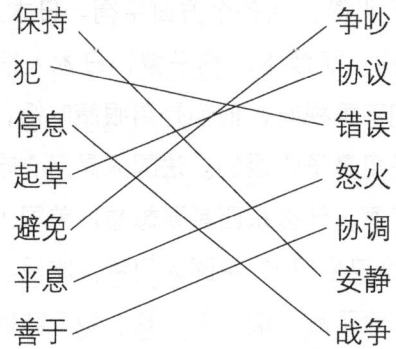

保持——安静
犯——错误
停息——怒火
起草——协议
避免——争吵
平息——战争
善于——协调

### （二）句子练习

1. 听句子，判断正误。

(1) 婚姻中不总是鲜花盛开，也同样有风霜雨雪。

(2) 面对生活中的矛盾，如果能够多一些宽容和忍让，幸福就会在你身旁。

(3) 当老师的有个职业特点——太认真，把认真也带到了家里，成了职业病了。

(4) 家庭生活的事有时候看起来小，但不简单，夫妻相处是一门艺术。

(1) √　　(2) ×　　(3) ×　　(4) ×

2. 听后模仿。

(1) 因为长期从事体力劳动，老王得了很严重的职业病。

(2) 他不会帮你忙，他这个人不大好说话。

(3) 听说感冒这种病，吃什么药都不管用，多休息、多喝开水就好了。

(4) 对待朋友应该多一些宽容和忍让。

## 四、听课文做练习

### 课文一 🎧

　　一位老妈妈在她金婚纪念日那天,说出了她保持婚姻幸福的秘诀。她说:"从我结婚的那天起,我就想列出丈夫的10条缺点。我告诉自己,如果他犯的错误在这10条缺点之中,我就愿意原谅他,其他的错误不行。"有人问:"那10条缺点到底是什么呢?"老人回答:"老实告诉你们吧,50年来,我始终没把这10条缺点具体写出来。每当我丈夫做了错事,让我生气得要命的时候,我马上提醒自己:算他运气好[1],他犯的是我可以原谅的那10条缺点当中的一个。"这个故事告诉我们:婚姻中不总是鲜花盛开,也同样有风霜雨雪。面对生活中的一些小矛盾,如果能像这位老妈妈一样,学会宽容和忍让,你就会发现,幸福其实就在你的身边[2]。

**听后判断正误。**

(1) ×　　(2) ×　　(3) ×　　(4) √　　(5) √

### 课文二 🎧

　　都说夫妻是冤家,这对夫妻都已年过半百,在结为夫妻将近三十年的日子里,他们之间因琐碎的小事争吵、冷战从未停息过,年纪大了之后两个人却越来越相互依赖,相互理解了。

主持人:今天我们非常高兴地请来了两位从山东来的朋友,这对夫妇带来了他们像诗一样的人生故事。故事应该从1970年说起。1970年10月一个秋高气爽的日子,两位结合了,开始了他们幸福的生活。可是不久以后,吵架也开始了。

妻　子:第一次吵架是结婚一年以后。有一次我想让孩子枕一个小枕头,我让我爱人给拿过来,我爱人觉得孩子没有必要枕那个枕头,他就不给我拿,我当时很生气。这样我们两个就不说话了,开始打冷战。我们俩之间最长的冷战有一个半月。

主持人:张先生,这事您还能记得吗?

丈　夫:记不得了,忘了。

主持人:都是因为一些什么样的事会争吵起来?

妻　　子：就是为了一些鸡毛蒜皮的小事。我们两个都当老师，可能当老师有一个职业特点——太认真，你说我们讲课不认真不行，备课不认真也不行，给学生批改作业不认真还不行。这样就成了一个职业病了，把这个认真态度就带到家里。

主持人：张先生觉得打孩子是一种教育手段，是吧？

丈　　夫：我这个人就是不大好说话，平时在家里也很少说话，对孩子基本上不说服教育，生了气我就给他两下子，到现在也是那样。

主持人：是经常性的还是偶尔一两次？

妻　　子：还是比较经常。我觉得第一个阶段这个矛盾的频率还是比较高的，我记得半个月左右吵一次吧。因为孩子也不听话，所以他只要一打孩子，我就跟他吵架，这就成了规律了。

主持人：最严重的时候到什么程度？

妻　　子：最严重的就是他打完孩子，我跟他吵完以后，两个人就打冷战，还在一起吃饭，也在一个床上睡觉，但是谁也不跟谁说话。

主持人：听说你们拟定了一个"协议"。当时签了一些什么样的内容呢？

妻　　子：当时是我起草的。我就把双方最不喜欢对方做的事，经常引起吵架的事都写上了，商量了一些应该遵守的条款。

主持人：有多少？

妻　　子：一共写了有三张纸吧。

主持人：那么这个协议签了以后确实管用吗？

妻　　子：还是挺管用的。有一条就是谁做错了事，谁就要认错；如果不认错，另一方就可以惩罚。我惩罚他的办法是我怎么说他都行，他惩罚我的办法就是打冷战，沉默。

主持人：您是什么时候真真切切地感到夫妻关系有了很大的变化，开始融洽了？你觉得夫妻关系协调了、改善了，最根本的原因是什么？

丈　　夫：我感觉主要原因啊，我也有变化，原先我不爱说话，现在体会到不说话确实伤害人挺深。

主持人：比直接指责她还要伤害她。

丈　　夫：对，原先我觉得不说话挺好的。

妻　　子：可能我们两个人的性格不一样。我是属于外向性格，爱说，有什么事心里存不住话；他是内向性格，一般他不喜欢多说。所以我们两个属于性格不合引起的矛盾。后来我们都发现了自己的弱点，有了一些改变。

主持人：今天这个故事让我们知道，家庭生活的事有时候看起来小，但是绝不像 X 加 Y 那么简单。有人说夫妻相处是一门艺术，我还想重复那句话，"希望每一对夫妻都成为夫妻相处的艺术家"。

（大家的观点）

观众一：男同志应该多表达一点儿。"我爱你"，有什么难说的呢？连孩子都有了[3]，怎么就不能说呢？妻子可能就喜欢听这个。这个丈夫不会说，他不会表达。其实只要说了，就会不一样了。

观众二：我小的时候，爸爸妈妈也因为一些小事，心情不太好的时候，吵一吵架，然后，他们也有冷战的阶段。但是我们家的冷战之后，还有一个对话的阶段，就是说在大家的怒火都平息以后，再交流一下，这样既避免了争吵，又能把双方给沟通起来。我妈妈告诉我，夫妻之间应该这样相处才比较好。所以我觉得，虽然我们家也有一点儿争吵吧，但是，我在这个家庭气氛中，还是生活得挺幸福的。

观众三：不要不说话，其实你看他们俩也没啥，就是不说话。人活在世界上就要说话，还要去学外语，你为什么要创造一种不说话的环境？所以我觉得好多夫妻都是因为不说话，闹来闹去。实际上把话说开了，什么事也没有。

观众四：我觉得有一个原则，应该算是一种真理，女人需要爱，男人需要关怀，这可以说是两性关系的一种真理。但是怎么爱，需要学习。另外，哪怕是吵架也是一种交流方式。那么怎么去关怀爱人呢？关怀要有一定的分寸，这种分寸不包括妒忌、跟踪。当然妒忌也是一种表现爱的方式，但是如果过分了，就会伤到对方。所以我体会到，婚姻关系中有一定的矛盾，这是正常的，在这个过程中，只要是两个人善于协调，就会非常美好。

**1. 听后选择正确答案。** 🎧

　　(1) 这对夫妻是什么时候开始吵架的？　　　　　　　　　　　　　　(C)
　　(2) 第一阶段，他们多长时间吵一次架？　　　　　　　　　　　　　(A)
　　(3) 吵架的时候那位丈夫的表现是什么样的？　　　　　　　　　　　(C)
　　(4) 这对夫妻经常吵架的原因是什么？　　　　　　　　　　　　　　(C)

## 2. 听后填空，并叙述每个段落。

(1) 家庭生活的事有时候看起来小，但是绝不像 X 加 Y 那么简单。有人说夫妻相处是一门艺术，希望每一对夫妻都成为夫妻相处的艺术家。

(2) 我小的时候，爸爸妈妈也因为一些小事，心情不太好的时候，吵一吵架，然后，他们也有冷战的阶段。但是我们家的冷战之后，还有一个对话的阶段，就是说在大家的怒火都平息以后，再交流一下，这样既避免了争吵，又能把双方给沟通起来。夫妻之间应该这样相处才比较好。

(3) 不要不说话，其实你看他们俩也没啥，就是不说话。人活在世界上就要说话，还要去学外语，你为什么要创造一种不说话的环境？所以我觉得好多夫妻都是因为不说话，闹来闹去。实际上把话说开了，什么事也没有。

(4) 我觉得有一个原则，应该算是一种真理，女人需要爱，男人需要关怀，这可以说是两性关系的一种真理。但是怎么爱，需要学习。另外，哪怕是吵架也是一种交流方式。那么怎么去关怀爱人呢？关怀要有一定的分寸，这种分寸不包括妒忌、跟踪。当然妒忌也是一种表现爱的方式，但是如果过分了，就会伤到对方。所以我体会到，婚姻关系中有一定的矛盾，这是正常的，在这个过程中，只要是两个人善于协调，就会非常美好。

录音文本及答案

# 第四课　离婚之后

## 三、热身练习

### （一）词语练习

**1. 连线，组成短语。**

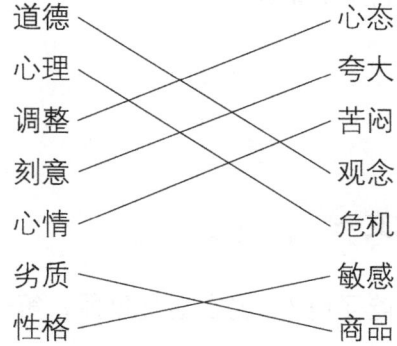

道德　　　　心态
心理　　　　夸大
调整　　　　苦闷
刻意　　　　观念
心情　　　　危机
劣质　　　　敏感
性格　　　　商品

**2. 听句子，写出刚学过的生词。**

(1) 小李是个很<u>幽默</u>的人，他常常给我们讲<u>幽默</u>故事。

(2) 青年人的想法对社会传统观念有很大<u>冲击</u>。

(3) 现代人对于家庭生活的<u>期望</u>值很高。

(4) 那个姓张的司机总是不注意交通安全，发生交通事故是<u>必然</u>的。

(5) 遇到困难不要<u>苦闷</u>，应该借鉴别人的经验教训。

(6) 她是一个非常<u>敏感</u>的人，对所有的小事都很在意。

(7) 今天天气不好，而我的心情也像天气一样<u>阴郁</u>。

(8) 对年轻姑娘来说，自然美是最重要的，不要<u>刻意</u>打扮自己。

(9) 事情没有那么严重，被他<u>夸大</u>了。

(10) 不好的情绪不要都留在心里，适当的<u>发泄</u>是很必要的。

### （二）句子练习

**1. 听句子，判断正误。**

(1) 某些人看来，一旦结婚以后的情况和婚前期望的不一样，离婚就是必然的。

17

(2) 离婚率上升的主要原因是，现代人对婚姻质量的期望值要远远高于上一辈。

(3) 虽然他犯了很大的错误，但他的父母还是原谅了他，因为毕竟是自己的孩子。

(4) 他这段时间因为心理压力过大变得情绪敏感、阴郁，应该适当发泄一下。

  (1) √    (2) ×    (3) √    (4) ×

## 2. 听后模仿。

(1) 听说酸奶可以解酒，一旦喝多了我就喝酸奶。

(2) 这场车祸仅仅是个意外，不是他故意造成的，也不是我故意造成的。

(3) 她把爱情看得很重，把对方的经济条件看得很淡。

(4) 要想在比赛中获胜，了解对方的情况尤为重要。

## 四、听课文做练习

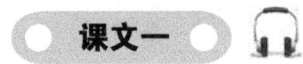

  过去熟人见面，第一句话总是："吃了吗？"现在朋友见面，第一句话爱说："离了吗？"

  这虽然是一则幽默，但也反映了离婚越来越普遍，离婚率越来越高的社会现象。1980 年，中国的离婚人数仅为 34.1 万对，1990 年为 80 万对，1999 年达到 120.1 万对，2009 年则增加到 246.8 万对。社会学者对 1999 年到 2009 年我国婚姻状况系统研究后发现：10 年间，我国离婚率直线上升。

  近十年离婚率明显上升，有婚姻道德观念变化的影响，也有社会和经济发展带来的冲击。但主要原因是社会生活和婚姻生活发生的变化，使现代人对婚姻质量的期望值要远远高于上一辈。一旦婚后的现实与婚前的期望产生矛盾并且不可调和，离婚就是必然的选择[1]。

  值得注意的是，离婚现象在 40 岁至 50 岁之间尤为明显[2]。这一年龄段往往是男子事业有成，最成熟、最有魅力的时候，要不怎么有人说"40 岁的男人是精品"呢？

## 1. 听后判断正误。

  (1) ×    (2) √    (3) ×    (4) ×    (5) √

## 2. 听后填空，并叙述。🎧

近十年离婚率明显上升，有婚姻道德观念变化的影响，也有社会和经济发展带来的冲击。但主要原因是社会生活和婚姻生活发生的变化，使现代人对婚姻质量的期望值要远远高于上一辈。一旦婚后的现实与婚前的期望产生矛盾并且不可调和，离婚就是必然的选择。

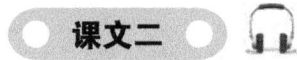

随着离婚现象的增多，离婚后如何度过心理危机，已成为一个问题。每个人处理危机的方式和面对挫折的态度都不相同。本期节目通过与几位朋友的探讨交流，希望能为其他有此经历的朋友提供借鉴。

**主持人：** 生活中有很多意外的变故，比如离婚。有的人离婚后感到很轻松、很自在，但好像更多的人是苦闷、寂寞。赵女士，您当时面对的最难的问题是什么呢？

**赵女士：** 最难的我认为是如何面对孩子。那天我跟女儿说了以后，她就要哭，我说，这样吧，现在就痛痛快快哭一顿，然后就高高兴兴回家。

**主持人：** 后来呢？

**赵女士：** 她当真就在街上哭了起来，大概哭了十几分钟，然后就说，走吧，没事啦！

**主持人：** 当真没事啦？

**赵女士：** 真没事了，高高兴兴唱着歌回家了。我当时挺害怕，不知道她心里怎么想的。

**主持人：** 在这之后，是不是有一段时光非常难过？

**赵女士：** 有个朋友到我们家来，说你们家有啥事没有。我说你看能有啥事？她说，你们家少了一双男人的鞋……

**主持人：** 这是一段难过的日子。徐先生，提起离婚，男人与女人的感受会不会有什么不一样呢？

**徐先生：** 我主要感到压力大，正赶上当时下岗，我有六个多月没出门，压力非常大。我只要一回家，邻居们，尤其是老人，眼光齐刷刷地……

**主持人：** 徐先生是不是太敏感了？您长得挺帅的，其实以前老大妈们也会齐刷刷地看您。

徐先生：不是不是，那也不能老是"齐刷刷"呀？

主持人：金女士是什么样的状态呢？

金女士：当时同事们都不知道，我过了很长一段阴郁的日子，感觉一切包括青春都一卷而去了。后来我想，既然我有勇气把婚姻这个很劣质的"泥罐"砸碎，为什么没勇气走出泥潭呢？

主持人：那您怎么调整呢？

金女士：多出去呀，听音乐呀，工作中跟大家多接触，有说有笑的，大家都觉得我有了改变。

主持人：这是刻意的吗？

金女士：是刻意的。

主持人：我想请问张先生，您说这是一种方式吗？

张先生：应该说是方式之一。离婚后一般都要经历这样一个过程：接受了这样的事实之后再重新发现一个自我。应该把离婚这事看得很淡[3]，因为离婚仅仅是婚姻的一个失败，不是世界末日，也不是犯罪[4]。

主持人：您说的非常关键，很多人在这种时候都有一种绝望的心情，把这个事情夸大了，简直难以承受。

张先生：有的人刚开始接受不了，觉得丢脸呀、痛苦呀，过了这段时间就会发现，并没有失去全部，还有事业呀……

主持人：张先生您看，他们都是对婚姻不满意才离婚的，可为什么离了之后还这么痛苦呢？

张先生：毕竟生活了很长时间，还是有感情的，就是打架也还是两口子嘛！离开之后就有一种失落，有的人能承受，有的人不行，自己要主动调整。

主持人：赵女士是怎样做的呢？

赵女士：我觉得离婚之后要做五件事：先把离婚这事告诉所有的亲戚朋友；然后把所有的不满发泄一下；还有就是积极投入工作，从家庭走入社会；四是交更多的朋友；最后是与孩子多交流。

主持人：离婚之后都有一段痛苦的日子，我希望这样的朋友能从我们今天的节目中有一点儿收获，积极地、乐观地对待生活，平安地把这段日子过去。

1. 听后选择正确答案。

　　(1) 赵女士的孩子听说她父母离婚后是什么表现？　　　　　　　　　　　　(D)

(2) 徐先生离婚后的情况是怎样的？　　　　　　　　　　　　　　(A)

(3) 金女士离婚以后做了什么？　　　　　　　　　　　　　　　　(C)

(4) 夫妻离婚以后为什么会痛苦？　　　　　　　　　　　　　　　(A)

## 2. 听后填空，并叙述每个段落。🎧

(1) 离婚后要经历什么样的过程？

　　　离婚后一般都要经历这样一个过程：接受了这样的事实之后再<u>重新发现一个自我</u>。应该把离婚这事看得很淡，因为离婚仅仅是<u>婚姻的一个失败</u>，不是<u>世界末日</u>，也不是犯罪。

　　　很多人在这种时候都有<u>一种绝望的心情</u>，把这个事情夸大了，简直难以承受。有的人刚开始接受不了，觉得<u>丢脸</u>呀、<u>痛苦</u>呀，过了这段时间就会发现，并没有失去全部，还有<u>事业</u>呀……

(2) 为什么有的人离婚后还会痛苦？

　　　他们都是对婚姻不满意才离婚的，但毕竟<u>生活了很长时间</u>，还是<u>有感情的</u>，就是<u>打架</u>也还是<u>两口子</u>嘛！离开之后就有<u>一种失落</u>，有的人能承受，有的人不行，自己要<u>主动调整</u>。

(3) 离婚以后怎么办？

　　　我觉得离婚之后要做五件事：<u>先把离婚这事告诉所有的亲戚朋友</u>；然后把<u>所有的不满发泄一下</u>；还有就是积极投入工作，从家庭走入社会；四是<u>交更多的朋友</u>；最后是<u>与孩子多交流</u>。

录音文本及答案

# 第五课　长大成人

## 三、热身练习

### （一）词语练习

**2. 听句子，写出刚学过的生词。**

(1) 经过三个月的苦干，现在我们面临的最大困难就是技术问题。

(2) 现在的社会，各方面的竞争都是相当激烈的。

(3) 看着躺在病床上的儿子，妈妈的心情非常焦虑。

(4) 面对这么多难题，同学们绞尽脑汁也做不出来。

(5) 今年，我们工厂采取了多项改革措施，生产搞得不错。

(6) 上了中学，我们的主科增加了好几门，比如化学、物理、世界历史等等。

(7) 奥运会上，中国射击运动员拿到了第一块金牌，并且突破了世界纪录。

(8) 运动员平时练习也应该科学化，不能只是盲目加大运动量。

(9) 年轻人做事常常缺乏恒心，应该注意不要放纵自己。

(10) 孩子做了错事，有的家长只是打骂孩子，这是不对的，应该晓之以理。

**3. 连线，组成短语。**

22

## （二）句子练习

### 1. 听句子，判断正误。🎧

(1) 战争过后，多少父母昼夜盼望着战场上的孩子能平安回家。

(2) 残酷的现实往往是多数父母等不回来他们的孩子。

(3) 交通部门面对私人汽车增多引起的停车难问题绞尽脑汁，试图找出解决问题的好办法。

(4) 小华考上大学了，这对他全家来说是个天大的喜讯。

(1) ×　　(2) √　　(3) ×　　(4) √

### 2. 听后模仿。🎧

(1) 经过两年艰苦训练的运动员们将面临一场世界比赛。

经过三个月的紧张复习，小张将面临一次重要的考试。

经过长时间的准备，我们将面临公司对我们的选择。

(2) 大家怀着愉快的心情盼望着节日的到来。

同学们怀着紧张的心情等待着考试结果。

妈妈怀着忧虑的心情看着躺在病床上的儿子。

(3) 人们把四季如春的昆明称为"春城"。

人们把受到全家宠爱的孩子称为"小皇帝"。

人们把荷花盛开的六月称为"荷月"。

(4) 城市交通部门将针对上下班时间堵车问题采取一系列改革措施。

卫生部门将针对农贸市场卫生条件差的问题采取一系列措施。

有关部门将针对珍稀动物的保护问题采取一系列措施。

## 四、听课文做练习

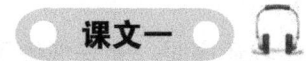

六月，经过十几年苦读的学生们将面临自己人生中最重要的一次考试。每年在这段日子里，多少考生在竞争的压力下昼夜拼搏[1]；多少家长怀着焦虑的心情盼望着子女取得成功。但事实往往是多数考生与理想的大学无缘。因此人们把决定考生命运的六月称为"黑色的六月"[2]。社会各界面对由高考竞争而引起的"应试教育"现象绞尽脑汁[3],试图找到解决问题的好方法,却始终很难走出千军万马挤破独木桥的境地。

正当人们束手无策的时候,6月15日至18日召开了全国教育工作会议,教育部将针对高等学校招生考试制度采取一系列重大改革措施,这将使广大考生得到更多的就学机会。这对考生和家长来说,是一个天大的喜讯。

## 2. 听后判断正误。

(1) ×    (2) ×    (3) ×    (4) ×    (5) √

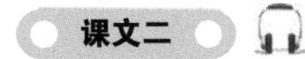

课文二

主持人:"望子成龙"是天下父母的心愿,所以呢,很多孩子从上小学开始就受到家长格外的重视和期待。今天我们请到了一个家庭,这个家庭可能有特殊的经历。我不知道说这一段经历会不会让你们家庭很难过?今天晚上回家会不会哭?

儿　子:不会!

主持人:这是一段退学的经历,大约是在什么时候呢?

儿　子:高一。

主持人:是一种什么想法,当时不想上这个学了?

儿　子:当时确实上不下去了,因为学习成绩特别不好。

主持人:差到什么程度?

儿　子:差到60%的科目不及格。

主持人:你最头痛的功课是什么?

儿　子:数、理、化。

主持人:数学能考多少分?

儿　子:一般就是四五十分的样子。

主持人:我觉得你数学成绩比我还高呢。光是成绩不好不大可能造成你退学,是吧?我觉得成绩比你差的学生有的是,中国这么大,有这么多学生呢。还有什么其他的原因吗?

儿　子:由于在学校学习成绩不太好,作为老师来说,肯定是喜欢成绩好的孩子了,所以和老师在某些方面可能不太合得来。

主持人：有什么具体的事情吗？你有印象吗？

儿　子：具体事情就是老师没有原因地找一些麻烦，或者说一些刺伤我自尊心的话。

主持人：我知道你肯定觉得这些话是真的伤了你的自尊心，可能不可能老师说的话并没有伤你的自尊心，而是你太敏感了？说出来让大家听听，行吗？

儿　子：我上高一的时候有一个数学老师，他说，张云帆这个孩子体重跟分数成反比[4]。

主持人：你觉得很受刺激吗？回去跟母亲说了吗？

儿　子：有些说了，有些没说。

主持人：（对儿子的妈妈）您当时是什么反应？

妈　妈：他成绩原来是中等，初中的时候成绩迅速下滑，我印象中就是与他班主任老师有些冲突。他好像是抵触。我们分析这孩子厌学，很可能跟老师处理问题的方式有关，就是与老师的这种抵触，致使主科都下来了。退学为什么在高一提出来？因为上了高中就直接面临上大学。成绩不好，肯定上不了大学。他要是在这种环境里待三年，唯一属于他的自尊自信可能要丢失，这个险我们不敢冒。

儿　子：到高一的时候，我自己就下了决心退学，母亲把决定权交给了我，其实我也不想退学，因为学校是孩子的一把保护伞。当时，没有一个自己退学的学生能有很好的前途。我想不出来我退学以后该怎么办。我跟妈妈商量，该怎么办呢？只能还是继续学习。换一种方式学，可以选择我自己学习的东西和方法。

妈　妈：他退学的第二天，就好像变了一个人，以前是特懒散的一个人，现在好像整个就不是他，时间表也列了。他退学以后的经历是个丰富的故事，但始终都没有离开一个话题就是求学。他并不是不能学，现在他会很多东西，像电脑、开车、英语，很多我都不知道在哪儿学的，关键是他自己愿意去学。

（大家的观点）

观众一：第一，这个妈妈同意孩子退学，是对咱中国的传统观念的一种突破，因为大家总觉得龙生龙，凤生凤。妈妈是大学教授，孩子就该学习特别好。能突破这一点，我就觉得是时代的进步。第二，这孩子还是有上进心的，退学第二天，就像变了个样。这说明孩子也想好。母亲并不是盲目作出决定[5]同意孩子退学，她了解自己的孩子有一种承受力，这很重要。

观众二：孩子的选择是明智的。因为第一，他是高一退学的，完成了九年义务教育。第二，他退学是因为他觉得自己在学校没有成功，没成功的原因好像就是没有找到自尊，而退学后找回了自尊。

观众三：我觉得他的选择离目标可能越来越远，因为他没有恒心，没有一种毅力，没有向着一个目标坚持下去；而家长是在掩盖自己的不负责任，她根本没去想作为一个儿子是什么心理，怎么确立自信心，她不承担责任，放纵孩子。我觉得家长这个时候得承担起责任，从各个方面晓之以理，从大环境、小环境加以教育，加以引导。

## 1. 听后选择正确答案。🎧

(1) 这个孩子是什么时候退学的？　　　　　　　　　　　　　　　　　(C)

(2) 这个孩子最不喜欢的课是什么？　　　　　　　　　　　　　　　　(B)

(3) 这个孩子退学是由于什么原因？　　　　　　　　　　　　　　　　(A)

(4) 退学以后，孩子的表现怎样？　　　　　　　　　　　　　　　　　(C)

## 2. 听后填空，并叙述每个段落。🎧

(1) 他成绩原来是中等，初中的时候成绩迅速下滑。这孩子厌学，很可能跟老师处理问题的方式有关，就是与老师的这种抵触，致使主科都下来了。在高一提出退学是因为上了高中就直接面临上大学。成绩不好，肯定上不了大学。他要是在这种环境里待三年，唯一属于他的自尊自信可能要丢失，这个险我们不敢冒。

(2) 到高一的时候，我自己就下了决心退学，母亲把决定权交给了我，其实我也不想退学，因为学校是孩子的一把保护伞。当时，没有一个自己退学的学生能有很好的前途。我想不出来我退学以后该怎么办。

(3) 他退学的第二天，就好像变了一个人，以前是特懒散的一个人，现在好像整个就不是他。他退学以后的经历是个丰富的故事，但始终都没有离开一个话题就是求学。他并不是不能学，现在他会很多东西，像电脑、开车、英语，关键是他自己愿意去学。

(4) 第一，这个妈妈同意孩子退学，是对中国的传统观念的一种突破，因为大家总觉得龙生龙，凤生凤。妈妈是大学教授，孩子就该学习特别好。能突破这一点，我就觉得是时代的进步。第二，这孩子还是有上进心的，退学第二天，就像变了个样。这说明孩子也想好。母亲并不是<u>盲目作出决定</u>,她了解<u>自己的孩子有一种承受力</u>,这很重要。

(5) 孩子的选择是明智的。因为第一,他是<u>高一退学</u>的,完成了<u>九年义务教育</u>。第二,他退学是因为<u>他觉得自己在学校没有成功</u>,没成功的原因好像就是<u>没有找到自尊</u>,而退学后找回了自尊。

(6) 我觉得他的选择离目标<u>可能越来越远</u>,因为<u>他没有恒心</u>,没有<u>一种毅力</u>,没有<u>向着一个目标坚持下去</u>;而家长是在掩盖自己的不负责任,她根本没去想<u>作为一个儿子是什么心理</u>,怎么确立自信心,她不承担责任,放纵孩子。我觉得家长这个时候得<u>承担起责任</u>,从各个方面<u>晓之以理</u>,从<u>大环境</u>、<u>小环境</u>加以教育,加以引导。

录音文本及答案

# 第六课　常回家看看

## 三、热身练习

### （一）词语练习

2. 听句子，写出刚学过的生词。

(1) 这些天他一直在张罗着成立一个自己的公司。

(2) 退休以后，他比在职时还要忙，问他图什么，他说就图为大家办点儿实事。

(3) 改革开放以来，广大电影工作者为中国电影事业的发展作出了贡献。

(4) 这几年，出版业迅速发展，但是学术出版物仍然受到冷落。

(5) 学校体育在提高学生身体素质的同时，也不能忽略学生的心理健康。

(6) 在儿童村，年轻的妈妈们用他们的爱心为孩子们营造了一个温馨的家。

(7) 这个孤独的老人居住在一间极为简陋的草房里，生活十分艰难。

(8) 别看她生活上对孩子百依百顺，学习上可是非常严格，从来不降低要求。

(9) 农产品要走向市场参与竞争，加强广告宣传就显得十分重要了。

(10) 子女大学毕业后，做父母的自然会为他们的婚事操心。

3. 连线，组成短语。

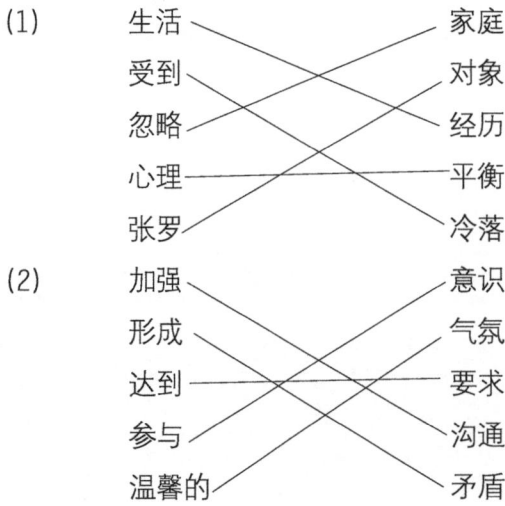

28

## （二）句子练习

### 1. 听后判断正误。🎧

(1) 在我们那儿，化肥、农药都很贵，农民当然有意见。

(2) 人家需要的东西，不见得你也需要；适合人家的东西，不见得适合你。

(3) 对自己的病情，她已经不抱什么希望了。

(4) 只要大家设身处地为农民着想，总会找到解决问题的办法。

(1) √    (2) ×    (3) √    (4) ×

### 2. 听后模仿。🎧

(1) 由于历史的原因，国有企业目前存在许多困难。

由于技术的原因，某些国产家电产品的市场占有率还不太高。

由于性别的原因，我不适合做那种工作。

(2) 这次交通事故与驾驶员酒后驾车有关。

这次海难事故与恶劣天气有关。

这个案件与被告人缺乏法律意识有关。

(3) 如果达不到质量要求，必须重新加工。

如果达不到教练的要求，必须加练。

如果达不到消费者的要求，必须向消费者说明原因。

(4) 图书馆的服务已经不限于图书借阅这种形式。

儿女对父母的关心并不限于回家看看这种形式。

公司的经营并不限于餐饮一种行业。

## 四、听课文做练习

### 课文一 🎧

找点儿空闲，找点儿时间，领着孩子，常回家看看。带上笑容，带上祝愿，陪同爱人，常回家看看。妈妈准备了一些唠叨，爸爸张罗了一桌好饭。生活的烦恼，跟妈妈说说；工作的事情，向爸爸谈谈。常回家看看，回家看看，哪怕帮妈妈刷刷筷子洗洗碗[1]。老人不图儿女为家作多大贡献[2]，一辈子不容易就图个团团圆圆。常回家看看，回家看看，哪怕给爸爸捶捶后背揉揉肩，老人不图儿女为家作多大贡献，一辈子总操心就奔个平平安安。

**2. 听后判断正误。**

(1) √    (2) ×    (3) ×    (4) ×    (5) √

## 课文二

每年五月的第二个星期天是母亲节，天下的父母都是一样的，在这一天，他们最想得到什么呢？有一首大家都很熟悉的歌，歌名叫《常回家看看》。

儿　　子：这首歌与我的生活经历有关[3]，由于工作原因我经常在外[4]，有时候一年也就是回家十天八天的。后来我父亲突然病故了，这个事情对我打击非常大，尝到了人间什么是痛苦。这个痛苦一直在我心里，我觉得我很对不起父母，尤其对不起我父亲，我给他的爱，给他的生活乐趣太少了，真是冷落了老人，忽略了家庭的那种温馨。《常回家看看》这首歌，使得儿女能够经常回去，或者抽出时间回家看看老人，给老人一些爱。很多年轻人听了这首歌以后呢，确实常常回家看看。

母　　亲：原来老头儿活着的时候，我在这个问题上还没有多少意见，生活挺好的。他去世以后，我就希望大女儿能常回来陪陪我，跟我说说话啊，毕竟我一个人挺孤独、挺寂寞的是不是？可是我的大女儿很少回来，所以我对大女儿有意见。但是她有事忙吧，你还心疼，因为当母亲的就是这样，又恨她又爱她，就这样，就是心里不痛快。反正她生活也挺好，家里生活也挺好，就自己好好儿过去吧，我也不要求她回来看。看就看，不看就拉倒，这方面也就不抱什么希望了。

大女儿：其实我跟我爸爸、妈妈的感情很深，我这个人呢是典型的东北人的性格，挺直的，说话办事不会拐弯，其实我在家里，活儿没少干，力没少出，但我也真没少跟我妈顶嘴。我爸曾经说，不管你妈做得对不对，说的话对不对，你都应该接受。我就说了，那不行，我妈说对了我接受，说不对我坚决不接受。有一回过年，离过年还有三四天的时候，天挺冷，我下班回家五点多钟挺黑的，我就按门铃，我妈出来给我开门了，我说："妈，明天是星期天我休息，我给你洗衣服吧？"我妈"嘭"的一声把门关上了，说："我洗完了，我明天的衣服都洗完了，不用你洗。"我一看我妈对我挺不高兴的，心里真不是滋味，我说我回来给你洗衣服来了，都不让我进屋，我骑车子就走了。其实我妈她根本就没意识到，这时候已经把人伤了。

小女儿：其实吧，我就是跟大部分在外面工作的人一样，也是不常回家看看的人。过年过节在家待那么几天就回来了，但是父母退休之后我经常把父母接到我家，和我在一起住一段日子。因为我姐姐跟我父母在一个城市生活，我觉得她能经常回家。我姐姐是个挺活跃的人物，别人家有什么事都找她去参与一下，活动多，可能是把父母这边忽略了，时间长了，就容易形成家庭矛盾，其实都是鸡毛蒜皮的小事。

(大家的观点)

观众一：我觉得每个母亲都想让她的儿子或者女儿出去闯荡成才，做大事业，但是做大事业的同时肯定会忽略家庭，就可能达不到"常回家看看"这个要求。今年过年的时候我就没有回家。当时就觉得这首歌挺好听的，我听到这首歌的时候就想到我的母亲、我的父亲和我的奶奶，我就想，应该常回家看看。

观众二：咱们一定要换一个角度想一想，自己家里都有独生子女，像小皇帝似的，我们对他们百依百顺，可是对自己的父母呢？如果有一半，父母也就知足了。有时候不见得你非要去，这个心意到了，她就知足了。我觉得应该设身处地想一想父母为什么这么想，我们确实对孩子的关心太多了，对父母的关心太少了，所以产生一种很大的不平衡。

观众三：我觉得今天讨论这个主题是"常回家看看"，实际上就是说并不限于儿女回家这个形式[5]，关键还是在于沟通，儿女之间、儿女和父母之间的这种沟通。

1. 听后选择正确答案。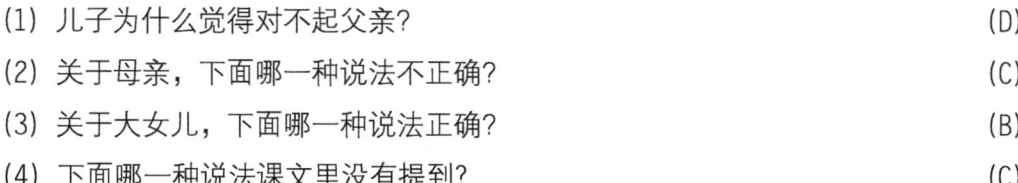

    (1) 儿子为什么觉得对不起父亲？    (D)

    (2) 关于母亲，下面哪一种说法不正确？    (C)

    (3) 关于大女儿，下面哪一种说法正确？    (B)

    (4) 下面哪一种说法课文里没有提到？    (C)

## 2. 听后填空，并叙述每个段落。

(1) 由于<u>工作原因</u>我经常在外，有时候一年也就是<u>回家十天八天</u>的。后来我父亲突然<u>病故了</u>，这个事情对我打击非常<u>大</u>，尝到了人间什么是痛苦。这个痛苦<u>一直在我心里</u>，我觉得我很对不起父母，<u>尤其</u>对不起我父亲，我给他的爱，<u>给他的生活乐趣太少了</u>，真是冷落了老人，<u>忽略了</u>家庭的那种温馨。

(2) 原来老头儿活着的时候，我在<u>这个问题上</u>还没有多少意见，生活挺好的。<u>他去世以后</u>，我就希望大女儿能<u>常回来陪陪我</u>，跟我说说话啊，毕竟我一个人挺孤<u>独、挺寂寞</u>的是不是？可是我的大女儿很少回来，所以我对大女儿有意见。

(3) 天挺冷，我下班回家五点多钟挺黑的，我就<u>按门铃</u>，我妈出来给我开门了，我说："妈，明天是星期天我休息，我给你洗衣服吧？"我妈"嘭"的一声把门<u>关上了</u>，说："我洗完了，我明天的衣服都洗完了，不用你洗。"我一看我妈对我挺不高兴的，<u>心里真不是滋味</u>，我说我回来给你洗衣服来了，<u>都不让我进屋</u>，我骑车子就走了。

(4) 我姐姐是个<u>挺活跃的人</u>物，别人家有什么事都找她<u>去参与一下</u>，活动多，可能是把父母这边<u>忽略了</u>，时间长了，就容易形成家庭矛盾，其实都是鸡毛蒜皮的小事。

(5) 我觉得每个母亲都想<u>让她的</u>儿子或者女儿出去闯荡成才，做大事业，但是做大事业的同时肯定会忽略家庭，就可能<u>达不到</u>"常回家看看"这个要求。

(6) 有时候<u>不见得</u>你非要去，这个心意到了，<u>她就知足了</u>。我觉得应该设身处地想一想父母为什么这么想，我们确实对孩子的关心太多了，<u>对父母的关心太少了</u>，所以产生一种很大的<u>不平衡</u>。

录音文本及答案

# 第七课 律师

## 三、热身练习

### （一）词语练习

**听句子，写出刚学过的生词。**

(1) 最近，十年前发生的事情时常出现在我的脑海里。
(2) 老王为帮助别人受到了经理的批评，大家都为他打抱不平。
(3) 法院公开审理了那起诈骗案，很多人前去旁听。
(4) 开庭时，律师为他们公司进行了淋漓尽致的辩护。
(5) 由于你是小张的亲属，开庭时，请你回避一下。

### （二）句子练习

**听写句子，然后朗读。**

(1) 在很多中国人的脑海里，说到自然灾害就想起了2008年汶川大地震。
(2) 随着公司规模的扩大，他们的业务范围远远超出了服装生意。
(3) 昨天的讨论会上，大家就男女平等问题进行了激烈的讨论。
(4) 他这个人做事只注重形式，不注重效果。
(5) 通过处理这个案件，他的水平和能力发挥得淋漓尽致。
(6) 家长们对未成年的子女负有教育和抚养的义务。

## 四、听课文做练习

以前，说到律师这个职业，中国老百姓的脑海里就想起打官司[1]，官司就是犯罪的刑事官司，觉得是与自己关系不大的事情。实际上，随着现代社会的发展和经济条件的转变，律师的业务范围已经远远超出了打官司的范围。包括企业投资，包括买房子、搞房地产，包括金融证券，许许多多非诉讼领域的律师业务越来越广泛。所以说律师发挥的作用将越来越大，可以说是无所不在。可以说，一个国家律师作用的范围有多大，律师作用的大小如何，律师的地位如何，直接标志着这个国家法制建设的水平。

**听后判断正误。**

(1) √　　　(2) ×　　　(3) √

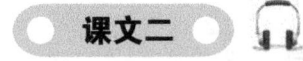

主持人：各位朋友，大家好！今天我们请来了两位律师。我们一起就律师这个话题来谈一谈[2]。首先问一个问题，您为什么要当律师？

马律师：我从小就认为律师这个职业是正义的，是专门为好人说话的。

田律师：我这个人就爱打抱不平，可能由于这个原因，我做了律师。

主持人：您对第一次出庭还有没有印象？

马律师：第一次出庭我印象非常深。因为是个诈骗案，我记得很清楚。开庭那天还是很紧张的，不光手抖，我说话声音都是抖的。

主持人：我看过田律师的一篇文章，内容主要是谈法庭辩护的艺术，我注意到您用了这个词——"艺术"。您觉得它是一门艺术吗？

田律师：我觉得是一门艺术。这里边有相当多的学问。

主持人：好像律师是有这两种不同的类型，其中有一种律师就是注重谈话的效果，注重法庭辩护的效果，您是这样的律师吗？

田律师：我应当说是很注重效果的。我的同行们经常说我平常说话和在法庭上说话完全是两个人。律师在法庭上重视的是效果，但绝不是表演。律师在法庭上发言面对法庭，不是讲演，也不是辩论。这是不一样的。

主持人：马律师同意这种观点吗？

马律师：作为辩护律师，他首先是面对法庭，他要能够说服法庭，明白他的意见。同时还有旁听观众。在这个过程中，律师如果根本不顾旁听席上的几十个、上百个，甚至上千人，光是把脸扭向法庭，跟法官在那个地方谈，我觉得这作为一种庭审，效果不是很好的，这是第一点；第二点呢，被告在下面，被告的后面就是旁听群众，你在谈某些意见的时候还要对被告人谈，所以我觉得这不应该是千篇一律的。但是如果律师利用这个机会来表现自己，我觉得是不对的。

主持人：律师为什么那么喜欢办经济官司？

马律师：实际上律师的水平、作用、能力在经济案件当中可以发挥得淋漓尽致。抓住某个关键证据或者找到某个关键的法律条文，他可能就能打赢这场官司。

主持人：如果很多老百姓没有钱，但他们更需要法律的帮助，怎么办？

马律师：我们的业务当中有一项业务叫法律援助，为那些在经济上没有能力请律师，又需要律师提供法律服务的人提供帮助。这对于我们律师来说也是一种义务。

观众一：我想请两位律师用一个数字来表示一下律师在整个案件中所占的比重，给一个确切的数字。

田律师：第一，打保票的律师，不是好律师，真律师，他不可能打保票；第二个，律师的作用毕竟是有限的，不能超越事实的范围，不能超越法律的范围。

马律师：如果案子本身就是一个错案或者冤案，被律师发现了，使这个案件最后得到了纠正，我的作用100％。如果说这个案件没有审理，法院就已经事先确定好了，可以说律师的作用就是零。这就是说，律师在某个案件中的作用用一个数字来评判是没办法做到的。

主持人：您在办案之前对委托人、当事人会不会有什么允诺？

马律师：因为我们无法保证我们的允诺，所以允诺是绝对不可以做的，不可以。

观众二：我想问一下，如果发现你们的当事人，在案件中确实有犯罪现象，你们还为他辩护，会不会心里不安？

田律师：在为刑事案件辩护中，有不同的情况，首先我们的法律是这样要求的，律师对当事人负有保密的义务[3]，因为律师分工不一样，为被告人辩护，只能做罪轻和无罪的辩护。当事人确实有罪，那么律师可以有几种选择，律师可以拒绝辩护，也可以劝他去自首，同时也可以回避这个问题，这几种选择律师都是可以做的。

主持人：中国恢复律师制度以来给我们的生活带来很大的变化。尽管现在还有很多不尽如人意的地方，但是我们应该有信心，明天会更好！因为我们的信心，就是对法律的尊重和支持。

## 1. 听后选择正确答案。

(1) 马律师第一次出庭处理的是个什么案子？　　　　　　　　(B)

(2) 律师在法庭上应该怎样说话？　　　　　　　　　　　　　(D)

(3) 律师为什么喜欢办经济官司？　　　　　　　　　　　　　(C)

(4) 什么样的事情律师可以做？ (D)

## 2. 听后填空，并叙述每个段落。🎧

(1) 律师在法庭上应该怎样辩护？

作为辩护律师，他首先是<u>面对法庭</u>，他要能够说服法庭，明白他的意见。同时还有<u>旁听观众</u>。在这个过程中，律师如果根本不顾旁听席<u>上</u>的几十个、上百个、甚至上千个人，光是<u>把脸扭向法庭</u>，跟法官在那个地方谈，我觉得这作为<u>一种庭审</u>，效果不是很好的，这是第一点；第二点呢，<u>被告</u>在下面，被告的后面就是<u>旁听群众</u>，所以你在谈某些意见的时候还要对<u>被告人</u>谈，所以我觉得这不应该是<u>千篇一律</u>的。但是如果律师利用这个机会来表现自己，我觉得是不对的。

(2) 律师在案件中的作用所占的比重有多大？

如果案子本身就是<u>一个错案或者冤案</u>，被律师发现了，使这个案件最后得到了<u>纠正</u>，律师的作用是<u>100％</u>。如果说这个案件<u>没有审理</u>，法院就已经<u>事先</u>确定好了，可以说律师的作用就是零。这就是说，律师在某个案件中的作用<u>用一个数字来评判</u>是没办法做到的。

(3) 当事人在案件中有犯罪现象，律师给他辩护吗？

在为<u>刑事案件</u>辩护中，有不同的情况，首先我们的法律是这样要求的，律师对<u>当事人</u>负有保密的义务，因为律师<u>分工不一样</u>，为被告人辩护，只能做<u>罪轻和无罪</u>的辩护。当事人确实有罪，那么律师可以有几种选择，律师可以<u>拒绝辩护</u>，也可以<u>劝他去自首</u>，同时也可以<u>回避这个问题</u>，这几种选择律师都是可以做的。

录音文本及答案

## 第八课　电脑与网络

### 三、热身练习

#### （一）词语练习

**2. 听句子，写出刚学过的生词。** 🎧

(1) 前一段时间，各大商场的家电产品降价幅度比较大。

(2) 北京地区大学生网球比赛的结果已经揭晓，清华大学队获得冠军。

(3) 购买商品房目前还不现实，咱们工薪阶层买不起。

(4) 当时，尽管 DVD 有很多优点，但是购买的人并不多，大家都在观望。

(5) 现在厂家、商家都在运用各种促销手段推销自己的商品。

(6) 节假日和休闲时间越来越多，在某种程度上刺激了消费。

(7) 从网上下载文件，既方便又快捷。

(8) 我国政府一再强调，要减轻农民负担。

(9) 假如你在网上订购了一件商品，不管商品大小，配送公司都会送货上门。

(10) 孩子一个人在外地上学，我心里总是不踏实。

**3. 连线，组成短语。**

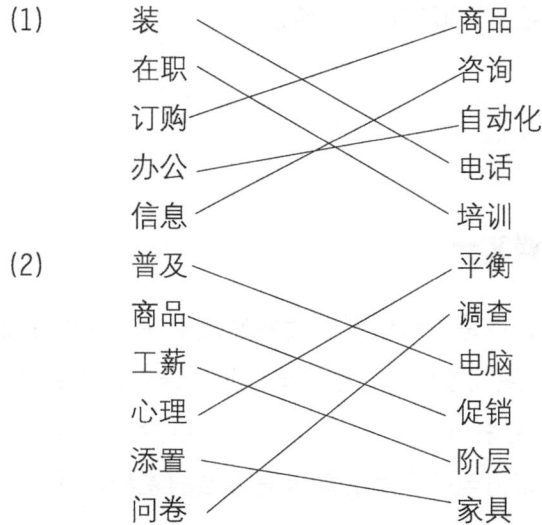

## （二）句子练习

### 1. 听句子，判断正误。🎧

(1) 现在某些家电产品的价格一降再降，受益最大的还是消费者。

(2) 现在超前消费的观念已经被许多年轻人所接受。

(3) 最近一项调查表明，75%的人上网的第一需要是收发电子邮件。

(4) 上网可以在全球范围内结识朋友，获得他人的帮助。

(1) ×    (2) √    (3) √    (4) √

### 2. 听后模仿。🎧

(1) 节假日外出旅游的观念正在被大多数家庭所接受。

抽象派的绘画作品正在逐渐被年轻人所接受。

超前消费的观念正在被某些消费者所接受。

(2) 化验结果表明，你的病情已经得到了控制。

比赛结果表明，亚洲的足球水平远远落后于欧洲和美洲。

调查结果表明，目前我国对家用电脑的需求有增强的趋势。

(3) 与很多国家相比，中国的东西还是相当便宜的，特别是水果。

与城市相比，农村的生活水平还是相当低的，特别是贫困山区。

与发达国家相比，中国现在电脑的普及率还是相当低的，特别是农村。

(4) 由耐克公司组织的体育服装展销会下周一在上海举行。

由中央电视台组织的中国乒乓球国际邀请赛昨天圆满结束。

由人民日报社组织的全国家用电脑用户调查日前揭晓。

## 四、听课文做练习

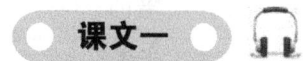

课文一

电脑是信息时代最具代表性的标志，也是目前世界上发展速度最快、降价幅度最大的产品。由教育部和人民日报社联合组织的首届全国家用电脑用户调查日前揭晓[1]。本次调查活动采取问卷调查方式，共收到来自全国 30 个省、市、自治区的 63068 份答卷。调查结果表明，目前中国家庭对家用电脑产品的需求有增强的趋势，城市地区

# 8 电脑与网络

有中小学生的家庭 80% 左右想购买一台家用电脑。78% 的用户希望家用电脑的价格在 4000 元以内。至于电脑品牌，除了大款、高薪阶层、"发烧友"以外，国际名牌电脑很少进入寻常百姓家。调查表明，当前 75％左右的家用电脑为国产品牌机和组装机。

**1. 听后判断正误。**

(1) ✓　　　(2) ×　　　(3) ×　　　(4) ✓　　　(5) ×

## 课文二 🎧

主 持 人：提起家用电脑这个话题，似乎总是给人以新鲜的感觉[2]，因为电脑的更新速度非常快。今天我们就聊聊电脑和网络。

李　　瑞：与发达国家相比，现在中国电脑的普及率还是相当低的，特别是农村。中国有 13 亿人口，其中 10 亿是农民，他们的存款大部分是用来盖房、买化肥、添置农具用的，还有一些农民的存款是用来买彩电、洗衣机、电冰箱等生活用品的，即使这些都买齐了，还等着装电话呢。在农村普及电脑还需要一段时间。

主 持 人：名牌机的价格一降再降[3]，大多数人还是选择了品牌机、兼容机，为什么会这样呢？

汪 大 有：大部分"工薪族"每个月的实际收入大约只有三四千元，一台名牌电脑的实际价格在 1 万到 2 万之间。买一台名牌电脑，要花掉好几个月的收入，我想，人们心理上肯定会有些不平衡。一项调查表明，大多数用户希望家用电脑价格在 4000 元左右。4000 元人民币，相当于 600 美元[4]，目前名牌电脑无论如何也做不到这样的价格，这就影响了名牌电脑在中国市场的发展。

主 持 人：电脑的用途越来越广泛，为什么有的人还在观望呢？

李　　瑞：你买电脑干什么？在买电脑之前，人们都会认真地考虑这个问题。按说电脑的用途可真不少，办公、写文章、辅导孩子学习、管理家庭财务、玩游戏，还可以上因特网查询信息，发电子邮件，看影视作品……的确有许多用途。可是，除作家和记者外，一般人不会每天写文章，也不可能天天上网，大部分的人也不需要在家里办公，因此，电脑的用途到底有多大，一直在困扰一些人。

39

主持人：有人预言，家用电脑市场的升温至少会持续10到20年，汪先生怎么看呢？

汪大有：我同意这样的说法。家用电脑市场升温的原因有很多，一是电脑的价格还会不断下降，市场促销手段也会日益增多；二是经济增长迅速，人民生活水平不断提高，个人收入增多；三，超前消费的观念正在被某些消费者所接受[5]。一个工薪族家庭，在彩电、洗衣机、电冰箱、DVD、电话机都配置好以后，下一个目标就会选择电脑；四，全球信息化时代的到来会对家用电脑市场产生推动作用，刺激用户购买家用电脑的欲望。

主持人：互联网的出现给人们的生活带来了巨大变化，请大家谈一谈自己的体会。

李　瑞：网络缩短了人与人之间的距离。无论你在上海还是在纽约，通过电子邮件，你就可以方便、快速、经济实惠地与您的朋友进行通信。上网可以在全球范围内结识朋友，获得他人的帮助，还可以了解各方面的信息。

汪大有：企业利用网络可以实现内部办公自动化。在我们公司，政策发布、技术咨询、内部会议、在职培训等，这些以前费时又费力的工作，如今都可以在网上完成了。

李　瑞：利用网络，我们可以使用IP电话、网上搜索等新技术，还可以进行网上购物，既省钱又方便快捷。


(大家的观点)

观众一：我家有电脑，可是至今没有上网。我听说很多用户上网是为了发电子邮件。我外地的朋友不多，平时也用不着从网上下载资料，再说，上网费那么贵，经济上也负担不起。

观众二：我觉得上网还是值得的，网络确实给我们的生活带来了很多便利。我儿子在国外，可是心理上感觉就像在自己身边一样，因为每天可以跟他在网上交流，听到他的声音，看到他生活的画面，心里很踏实。

观众三：我喜欢在网上购物。网上商店的东西非常便宜。去商场买东西需要出门，需要交通工具，还会赶上刮风下雨。你在网上订购了某种商品，无论大小，配送公司都会给你送到家，快捷、省时、省力。百货商店都有营业时间，而网上商店一天24小时每时每刻都在营业，只要你有购物的想法，马上就可以实现它，非常方便。

## 电脑与网络　8

**1. 听后选择正确答案。** 🎧

(1) 在农村，农民使用存款的顺序是什么？　　　　　　　　　　　　　　　(C)

(2) 国际名牌电脑在家用电脑市场发展缓慢的原因是什么？　　　　　　　(B)

(3) 电脑的用途很广泛，下面哪些用途课文里没有提到？　　　　　　　　(D)

(4) 家用电脑市场将持续升温有很多原因，下面哪种说法是不对的？　　(C)

**2. 听后填空，并叙述每个段落。** 🎧

(1) 与发达国家相比，现在中国电脑的普及率<u>还是相当低的</u>，<u>特别是农村</u>。中国有 13 亿人口，<u>其中</u> 10 亿是农民，他们的存款大部分是<u>用来盖房、买化肥、添置农具用的</u>，还有一些农民的存款是用来买彩电、洗衣机、电冰箱等<u>生活用品</u>的，即使<u>这些都买齐了</u>，还等着装电话呢。在农村普及电脑还<u>需要一段时间</u>。

(2) 大部分"工薪族"每个月的实际收入<u>大约</u>只有三四千元，一台名牌电脑的实际价格在 <u>1 万到 2 万之间</u>。买一台名牌电脑，要花掉<u>好几个月</u>的收入，我想，人们心理上肯定会<u>有些不平衡</u>。一项调查表明，大多数的用户希望家用电脑价格<u>在 4000 元左右</u>。4000 元人民币，<u>相当于</u> 600 美元，目前名牌电脑<u>无论如何</u>也做不到这样的价格，这就影响了名牌电脑在中国市场的发展。

(3) 家用电脑市场升温的原因有很多，一是电脑的价格还会<u>不断下降</u>，市场促销手段也会日益增多；二是经济增长迅速，人民生活水平不断提高，<u>个人收入增多</u>；三，超前消费的观念正在被某些消费者所接受；四，全球信息化时代的到来会对家用电脑市场<u>产生推动作用</u>，刺激用户购买家用电脑的欲望。

(4) 我家有电脑，可是<u>至今没有上网</u>。我听说很多用户上网是为了发电子邮件。我外地的朋友不多，平时也用不着从网上<u>下载资料</u>，再说，上网费那么贵，经济<u>上也负担不起</u>。

(5) 网上商店的东西非常便宜。去商场买东西需要出门，需要<u>交通工具</u>，还会赶上<u>刮风下雨</u>。你在网上订购了某种商品，<u>无论大小</u>，配送公司都会给你送到家，快捷、省时、省力。百货商店都有<u>营业</u>时间，而网上商店一天 24 小时<u>每时每刻</u>都在营业，只要你有<u>购物的想法</u>，马上就可以<u>实现</u>它，非常方便。

录音文本及答案

# 第九课　医生与病人

### 三、热身练习

#### （一）词语练习

**2. 听句子，写出刚学过的生词。**

(1) 最近人们最<u>热衷</u>的话题是房地产，买房不再是梦想。

(2) 现在很多医院都存在小病大治的现象，我们必须<u>正视</u>它。

(3) 人一过四十，工作时就有些<u>精力不济</u>。

(4) 电视剧就要开拍了，请你帮我们<u>物色</u>几个群众演员。

(5) 你别<u>冤枉</u>好人，这件事跟小王无关。

(6) 如果生意做成了，我们给你8%的<u>回扣</u>。

(7) 打针时，大夫常常问一些不相关的问题，以<u>转移</u><u>患者</u>的注意力。

(8) 在这家医院治疗，效果好，恢复快，而且手术后<u>并发症</u>少。

(9) 你是名牌大学毕业生，做推销员太<u>委屈</u>你了。

(10) 睡觉以前，他习惯听一会儿<u>轻音乐</u>，在音乐声中入眠。

**3. 连线，组成短语。**

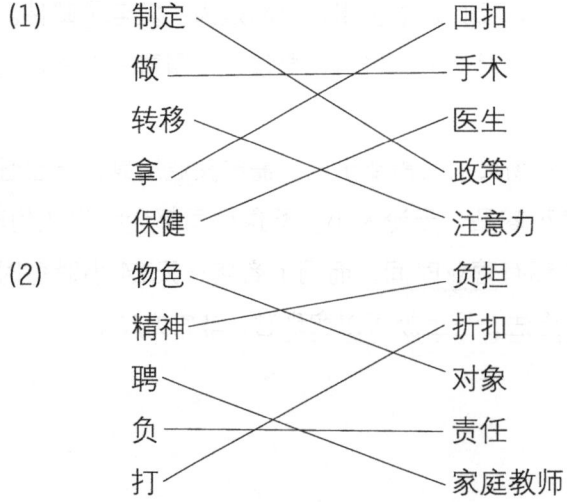

42

## （二）句子练习

### 1. 听句子，判断正误。🎧

(1) 吸毒可导致多种并发症发生，如肝炎、肺炎、气管炎等。

(2) 尽管工作强度大，时间长，但他从来没有感到过精力不济。

(3) 警察也有冤枉好人的时候。

(4) 医生没有把握的时候就多开一些药。

(1) √　　(2) √　　(3) ×　　(4) √

### 2. 听后模仿。🎧

(1) 我认为医生在工作时要进入角色。

我认为演员在拍戏时要进入角色。

我认为球员一上场就应该进入角色。

(2) 我觉得病房和手术室应该放一点儿轻音乐，比如施特劳斯的圆舞曲什么的。

我觉得工作之余应该放松一下，比如听听音乐什么的。

我觉得生病期间应该多吃蔬菜，比如大白菜什么的。

(3) 从现在的情况看，如果想要认真地做一个医生，是很难的。

从目前的情况看，你的病情已经得到了很好的控制。

从合同的内容看，他们公司并没有限定明确的交货日期。

(4) 在比赛过程中，我们一定要把握住机会。

在调查过程中，我们了解了大量关于环境保护的知识。

在诊病的过程中，患者也有冤枉医生、让他们受委屈的时候。

## 四、听课文做练习

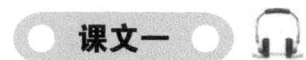

课文一

家庭雇起保健医生，这是继聘家庭教师、雇保姆之后[1]，出现在上海家庭生活中的又一种新现象。如何看待医务人员充当私人保健医生这一现象？有人指出，这种现象会不同程度地分散医务人员的工作精力。有些医生，上班时间热衷谈论这个话题，或四处托人物色对象；而那些已当上私人保健医生的医护人员，由于精力不济，上班时往往无精打采，服务态度和医疗质量打了折扣。有鉴于此，医疗界有关人士发表看法，认为不能听任这种"脚踏两只船"的现象滋长下去。但另有一些人认为，私人雇保健医生既然已经成为一种社会需求，那么就应该正视这种需求，有关部门应尽快制定相应政策，将其从无序状态纳入到有序的管理轨道上来。

2. 听后判断正误。

(1) √    (2) √    (3) ×    (4) ×    (5) ×

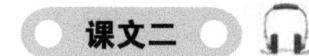

课文二

主持人：我们都听过这样一句话：人吃五谷杂粮，怎能不生病？生病以后，就要去医院。我们今天就谈一谈"医生和患者的关系"。

王素莉（患者）：我认为医生在工作时要进入角色。一次我在医院看病，医生一边给我治疗一边和另一位医生聊天儿，对我的情绪影响很大。还有一次，我在做剖腹产手术时，听到旁边的医生在谈论病人家属给她们送来了什么水果，将为人母的神圣感一下子就没有了。

主持人：裘医生，医院有没有规定医生在工作时不能聊天儿？

裘华德（医生）：这要看什么情况了。有些情况确实是不能聊天儿的。但是有时候医生高度紧张，需要适当放松一下，也可能是故意聊天儿来转移病人的注意力。

主持人：裘大夫，您自己有什么放松的方式吗？

裘华德：我觉得病房和手术室应该放一点儿轻音乐，比如施特劳斯的圆舞曲什么的。我在欧洲待了五年，他们那里很多医院是可以放音乐的，而且病人也不反对。

主持人：这个想法倒不错。我还听说很多医生抱怨工作强度大、待遇低，心理不平衡。您如何看待这个问题呢？

裘华德：这种现象是相当普遍的。现在很多医学院的毕业生，不是当医生，而是去经商，已经很说明问题了。从现在的情况看，如果想要认真地做一个医生，是很难的。

主持人：难在什么地方呢？

裘华德：如果你认真做医生，你的精神负担就很大，经常处于一种高度紧张状态[2]。比如，我是外科医生，手术前我要为病人作决策，手术中间我要做好，手术后我要考虑病人的康复，还要考虑会不会有并发症发生，这些都需要我认真考虑，而我每天都要做手术，思想始终高度紧张。

王素莉：我想广大患者是很理解这一点的。只要医生认真地看病，即便出了差错，也是可以原谅的。

主持人：还有一些其他情况。有时你到医院看一个小病，有的医生会给你开很多很多药，甚至一个感冒就开回来半书包药。我们怀疑，医生是不是在卖药的时候拿了回扣？

裘华德：回扣的情况是有的。但是我没有拿。

王素莉：您说的"回扣"是怎么回事？

裘华德：回扣就是药商找到医生，请医生用他的药，然后药商根据医生开的处方数量，给予一定的报酬。因为我从来不开处方，所以我也没拿过回扣。

主持人：王女士觉得这样的事情可以理解吗？

王素莉：很难理解。一点儿小病医生就给病人开一大堆药，小病大治。尽管他们用心良苦[3]，我还是不能理解。

裘华德：这里有几个方面的原因，一方面是刚才说的回扣，这个现象确实存在。第二方面，这跟医生本人的水平也有关系，医生有时候没有把握，宁肯多开一些药，他觉得心安一些。第三方面，是照顾病人的心理，有的病人认为医生不多开一点儿药，不开一些贵的药，就是没有给他认真治。还有一点，医院用药越贵，收入就越多。这样做是不应该，但医院要生存下去，也是没有办法。

主持人：在这个特殊阶段，出现了一些特殊的情况。我们听到了医生的说法，也听到了患者的说法，现在我们听听各位观众的意见。


（大家的观点）

观众一：大夫中有聊天儿、打毛衣的，但是负责任的大夫还是大多数。在过去诊病的过程中，患者也有冤枉医生、冤枉护士，让他们受委屈的时候。而且现在有的城市出现了装备在救护车上的流动医院，随叫随到，昼夜为患者服务，还实行先治病，后收费，确实方便多了。

观众二：我的感觉是大夫在看病的时候有点儿疲于奔命，头痛医头，脚痛医脚，大夫看病人应该全面一些，认真一些。另外，医院里各个科室楼上一个楼下一个，我们要看病、化验、划价、交费、拿药，楼上楼下，跑来跑去，简直累死人。这种情况医院好像很容易解决。

观众三：现阶段，医生和患者应该多进行一些交流和沟通，重在互相理解。我想医疗体制的改革肯定会进行，医患关系改善，让所有人都满意的那一天会到来的。当然，我们应该锻炼身体少生病，这样可以少跟医生打交道[4]。

1. **听后选择正确答案。**

   (1) 下面哪种说法是正确的？ (C)

   (2) 下面哪种说法是不正确的？ (B)

   (3) 下面哪种现象课文里没有提到？ (D)

   (4) 关于"流动医院"，下面哪种说法是不正确的？ (C)

2. **听后填空，并叙述每个段落。**

   (1) 很多医生抱怨工作强度大、待遇低，心理不平衡，而且这种现象相当普遍。现在很多医学院的毕业生，不是当医生，而是去经商，已经很说明问题了。

   (2) 如果你认真做医生，你的精神负担就很大，经常处于一种高度紧张状态。比如，我是外科医生，手术前我要为病人作决策，手术中间我要做好，手术后我要考虑病人的康复，还要考虑会不会有并发症发生。

   (3) 回扣就是药商找到医生，请医生用他的药，然后药商根据医生开的处方数量，给予一定的报酬。因为我从来不开处方，所以我也没拿过回扣。

   (4) 小病大治有几个方面的原因，一方面是刚才说的回扣，这个现象确实存在。第二方面，这跟医生本人的水平也有关系，医生有时候没有把握，宁肯多开一些药，他觉得心安一些。第三方面，是照顾病人的心理，有的病人认为医生不多开一点儿药，不开一些贵的药，就是没有给他认真治。还有一点，医院用药越贵，收入就越多。

   (5) 大夫中有聊天儿、打毛衣的，但是负责任的大夫还是大多数。在过去诊病的过程中，患者也有冤枉医生、冤枉护士，让他们受委屈的时候。而且现在有的城市出现了装备在救护车上的流动医院，随叫随到，昼夜为患者服务，还实行先治病，后收费，确实方便多了。

录音文本及答案

# 第十课　球迷侃球

## 三、热身练习

### （一）词语练习

**2. 听句子，写出刚学过的生词。**

(1) 昨天下午，恐怖分子袭击了政府大楼。

(2) 警方怀疑他有犯罪的嫌疑。

(3) 新闻部门应该为足球的发展提供良好的舆论氛围。

(4) 昨天上午，我们在体育场观看了男子足球亚洲杯的决赛。

(5) 篮球运动起源于美国。

(6) 我们不能苛求运动员每场比赛都赢球，但是每场比赛都要认真去打。

(7) 1999年5月4日，对老陈来说，是一个刻骨铭心的日子。

(8) 在这次世界杯比赛中，亚洲足球的成绩有了一个很大的飞跃。

(9) 今年8月，他要参加律师资格考试，现在得抓紧时间准备。

(10) 在游泳上，他很有悟性，运动成绩提高得相当快。

**3. 连线，组成短语。**

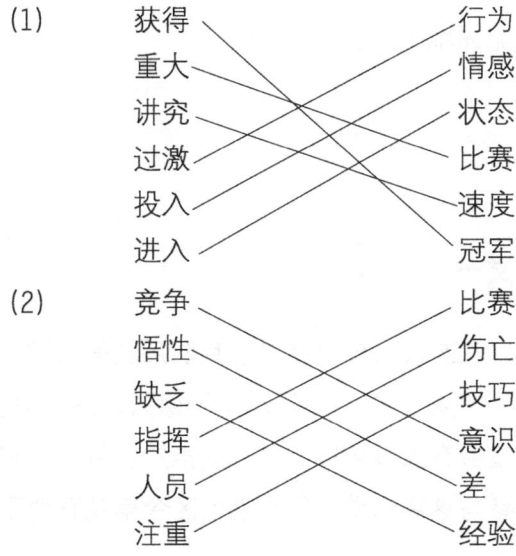

47

## （二）句子练习

### 1. 听句子，判断正误。

(1) 在广大农村地区，农民的法律意识有待进一步加强。

(2) 街头足球起源于德国，对场地和器材要求较少。

(3) 在最后一场比赛中，他有故意冲撞对手的嫌疑。

(4) 从市场情况看，排球运动尚未走出低谷。

(1) ×　　　(2) ✓　　　(3) ×　　　(4) ✓

### 2. 听后模仿。

(1) 街头足球起源于德国，规则与一般室外足球大体相同。

街头曲棍球起源于瑞典，队员人数可以根据实际情况决定。

京剧起源于北京，在表演和歌舞上都具有很高的艺术水平。

(2) 坦率地说，你并不适合目前的工作。

坦率地说，我比较喜欢安静，对大多数体育项目没有兴趣。

坦率地说，我国足球运动的水平还比较低，俱乐部的管理也比较落后。

(3) 各地体校的学生，一般都是以专业训练为主，这样不利于全面发展。

前两年，在课程安排上以听说课为主，这样可以解决学生交际中的困难。

这次运动会以球类运动为主，适当安排一些其他项目。

(4) 跟朋友分手以后，他一连几天精神状态特别差。

离开学校以后，我一连几天睡不着觉。

住院那段时间，他一连几天一点儿东西都不吃。

## 四、听课文做练习

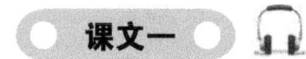

全国首次街头足球赛今天在北京举行，大连队以6∶0战胜北京队后获得冠军，并取得代表我国参加世界杯街头足球总决赛的资格。街头足球起源于德国，讲究速度，注重技巧，对场地和器材要求较少，十分适合在人多场地少的中国推广。目前，在世界上四十多个国家和地区有数十万青少年参与这项运动，仅香港地区今年就有两千多支球队报名参加比赛。街头足球赛的场地在室外，长 25 米，宽 15 米，四周设挡板，每队上场 4 人，其中一人为守门员，比赛时间为上下半场各 5 分钟，规则与一般室外足球大体相同。

**2. 听后判断正误。**

(1) √　　(2) ×　　(3) ×　　(4) √　　(5) √

## 课文二

主持人：过去的一年，中国足球走过了一段艰难的历程，留给我们很多回忆和思考。今天我们一起聊一聊足球。

球迷一：坦率地说，我比较喜欢安静，对大多数体育项目没有兴趣，但是对足球特别着迷。1981 年，中国队第一次冲击世界杯，没有出线，我们都认为是运气不好，不是我们水平不行，信心十足地等着下一届。1985 年的 5 月 19 日，对每个中国球迷来说都是刻骨铭心的日子，那场球只要踢平就能出线，堂堂中国国家队竟然在主场输给了香港队，那一阵子，我身边的球迷越来越少。今年，中国足球留给我们的又是失望和心痛。

球迷二：我从小就喜欢足球，不仅爱看，而且爱踢，在我们那个城市，根本没有到现场看球的机会，只能看电视。遇到重大比赛，常常一看就是一宿，不到终场哨响决不罢休。2002 世界杯，很多球迷去了现场，去的时候兴高采烈，回来的时候没精打采，一连几天精神状态特别差。但是，在生活中我离不开足球。

主持人：中国足球的氛围应该说是不错的，上有体委领导重视，下有球迷支持，周围有新闻舆论"煽风点火"，实行职业化俱乐部、主客场比赛以后，足球赛场也一天天红火起来。可是中国足球至今尚未成为世界强队，问题在哪里呢？

球迷一：中国足球在整体实力、训练、球队及球员的管理这三个基本方面，并没有质的飞跃。职业化是一条出路，但并非解决足球难题的"万能钥匙"。实行职业化足球联赛已经十几年了，中国足球的水平到底提高了多少？在队伍的训练和管理上，我们还存在着许多问题，训练思想和训练手段相对比较落后，更谈不上创新了。

球迷二：球员的文化水平和职业素养有待提高。许多经济并不发达的国家，从教练到队员，大多具有大学文化水平。而我们的队员一直以专业训练为主，一条腿走路。文化水平低导致了很多问题，比如说球员和教练有勇无谋、悟性差、训练质量低和比赛能力差。在承受心理压力方面，中国球员的差距更明显。本来，作为球员，承受心理压力是最基本的职业要求，不管你受了什么委屈，一上场，看到球，就应该进入这个职业所要求的心理状态。可是我们的球员就是做不到。

**球迷三**：在后备力量的培养上，我们远远落后于足球发达国家。我想提醒俱乐部和教练，在忙于搞好中超联赛的同时，别忘了青少年足球。中国足球的基础太薄。中超球员中不少人抱着"皇帝的女儿不愁嫁"的思想，缺乏竞争意识和向上的动力。若不多培养后备力量，只是在成年队员的待遇上一味加码，最终将不利于足球改革和发展。

**球迷四**：我想说一说教练的问题。中国教练了解中国足球的现状，容易与队员沟通，但是在足球场上的应变能力太差，缺乏指挥重大比赛的经验。在使用队员上往往求稳，考虑到名誉和地位，一切以不输球为原则。请外籍教练，借鸡下蛋，不失为一个好办法。但是必须请世界上一流的大牌儿教练，利用他们先进的理论和训练手段，利用他们的经验，使中国足球早日走向世界。

**主持人**：大家谈的大多是男子足球的情况，下次我们谈一谈中国女足，欢迎大家参加。


（大家的观点）

**观众一**：中国有13亿人口，如果有10亿人看球，怕不是好事，总得干点儿别的。另外，在我的印象中，球迷闹事造成人员伤亡的情况每年都会发生。有些球迷在自己喜爱的球队输球后，为了发泄而出现过激行为，如烧毁垃圾箱、砸毁汽车等，很恐怖，所以我从来没想过做一个球迷。

**观众二**：我是一个假球迷，我看球的时候从来不投入太多的情感，谁踢得好，我就欣赏谁，足球就是一种运动，一种游戏。不要把足球同国家的荣辱兴衰联系起来，那样太沉重了。同样，我们不能苛求球员和教练。每个运动员都想踢好，足球被人为地赋予了很多含义，比赛中带着思想包袱，心理压力过大，发挥不稳定也就很自然了。

**观众三**：前几年比赛时，观众席上冷冷清清，场上球员懒洋洋地踢球，跑不动也不卖力气，时不时还有打假球的嫌疑。如今，中超联赛火爆的场面不必多说，球员的技术、体能都有了很大程度的提高，中国足球一定能成为世界强队，这只是时间问题。

## 球迷侃球 10

**1. 听后判断正误。**

(1) ×    (2) ×    (3) ✓

**2. 听后选择正确答案。** 🎧

(1) 关于中国足球，下面哪种说法是不对的？　　　　　　　　　　　　(C)

(2) 关于课文中提到的"一条腿走路"，下面哪种理解是正确的？　　　(B)

(3) 关于教练，下面哪种说法不是课文里球迷的观点？　　　　　　　(A)

(4) 中国足球目前还存在很多问题，下面哪种说法课文里没有提到？　(C)

**3. 听后填空，并叙述每个段落。** 🎧

(1) 坦率地说，我比较喜欢<u>安静</u>，对大多数体育项目没有兴趣，但是对足球特别<u>着迷</u>。1981 年，中国队第一次冲击世界杯，<u>没有出线</u>，我们都认为是<u>运气</u>不好，不是我们水平不行，信心十足地等着<u>下一届</u>。

(2) 我从小就喜欢足球，不仅爱看，<u>而且爱踢</u>，在我们那个城市，根本没有到现场<u>看球</u>的机会，只能看电视。遇到重大比赛，常常<u>一看就是一宿</u>，不到终场哨响<u>决不罢休</u>。2002 世界杯，很多球迷去了现场，去的时候<u>兴高采烈</u>，回来的时候<u>没精打采</u>，一连几天精神状态特别差。

(3) 中国足球在整体实力、训练、<u>球队及球员</u>的管理这三个基本方面，并没有质的飞跃。职业化是一条出路，但并非解决足球难题的"<u>万能钥匙</u>"。实行职业化足球联赛已经十几年了，中国足球的水平到底提高了多少？在<u>队伍的训练</u>和管理上，我们还存在着许多问题，训练思想和训练手段相对比较落后，更谈不上创新了。

(4) 中国教练了解<u>中国足球的现状</u>，容易与队员<u>沟通</u>，但是在足球场上的应变能力<u>太差</u>，缺乏指挥重大比赛的<u>经验</u>。在使用队员上往往求稳，<u>考虑</u>到名誉和地位，一切以不输球为<u>原则</u>。请外籍教练，<u>借鸡下蛋</u>，不失为一个好办法。

(5) 在我的印象中，球迷闹事造成<u>人员伤亡</u>的情况每年都会发生。有些球迷在自己喜爱的球队输球后，为了发泄而出现<u>过激行为</u>，如烧毁垃圾箱、砸毁汽车等，<u>很恐怖</u>，所以我从来没想过做一个球迷。

(6) 前几年比赛时，观众席上冷冷清清，场上球员懒洋洋地踢球，跑不动也不卖力气，时不时还有打假球的嫌疑。如今，中超联赛火爆的场面不必多说，球员的技术、体能都有了很大程度的提高，中国足球一定能成为世界强队，这只是时间问题。

录音文本及答案

# 第十一课 农民信科学

## 三、热身练习

（一）词语练习

**2. 听句子，写出刚学过的生词。**

(1) 这首歌带有浓郁的乡土气息，很受听众喜爱。
(2) 现在很多商店都实行明码标价，顾客一目了然，效果不错。
(3) 我们的时间和精力要用在正经事上。
(4) 去年经济不景气，很多公司破产了。
(5) 二十年前，一到冬天，各家各户都要储备很多大白菜，现在用不着了。
(6) 公司出产的不仅仅是产品，更重要的是质量和信誉。
(7) 男女排球比赛的前三名惊人地巧合，都是上海、四川、北京。
(8) 过去有些传统文化项目被认为是迷信，现在都已经恢复了。
(9) 这几年风调雨顺，家乡人民的生活水平越来越高。
(10) 虽然政府部门明令禁止，但是盗版书、盗版光盘有愈演愈烈的趋势。

**3. 连线，组成短语。**

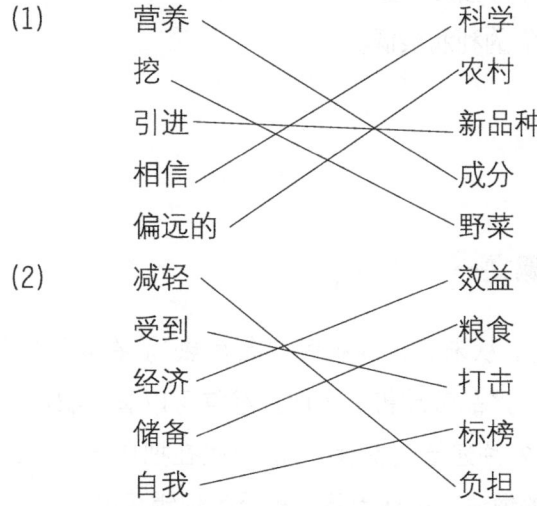

## （二）句子练习

### 1. 听句子，判断正误。

(1) 以前不太景气的时候，老梁还给人算过命。

(2) 因为赌博，把家具都输了，后来在亲友们的劝说下，我决定洗手不干了。

(3) 一般说来比较顺利，但是有一次我把事情搞砸了。

(4) 一到下雨天，房子就漏雨。

(1) √ (2) × (3) √ (4) ×

### 2. 听后模仿。

(1) 养奶牛的经济效益很好，一年就是好几万。

春节前后鞋店的生意很好，一天就卖几十双。

公司经常派他出差，常常一去就是十几天。

(2) 农民的这种名片与人们通常所用的名片不尽相同。

各个民族的文化传统不一样，所处的自然环境也不尽相同。

各个教练的训练手段不一样，训练的效果也不尽相同。

(3) 前前后后买了二十几本吧，不过没有看懂。

前前后后进过十几家公司，一直没有找到适合自己的工作。

前前后后我们做了两年多，投入了大量的资金和精力。

(4) 好像我算得非常准，其实我原来只是随便讲讲。

好像我是个电脑专家，其实我去年才接触电脑。

好像我们生意做得很大，其实我们的利润很低。

## 四、听课文做练习

春节刚过，某地区出现了一股历史上从未有过的农民"名片热"。在农贸市场，在各大百货商店的农产品柜台，甚至在农产品流动售货车前，经常可以看到农民在销售自己产品的同时，还热情地把自己的名片递给消费者[1]。农民在把自己的产品推向市场的同时，也把自己介绍给消费者的做法，被认为是一种公关促销手段。

农民的这种名片散发着浓郁的乡土气息。它与人们通常所用的名片不尽相同[2]，除印有农场的地址、农场主姓名及电话号码之外，还印上了本地或本人所经营的"土特产品"名录，令人一目了然。有些农民还在自己的名片上印上了本人照片。农民说，这不仅仅是"自我标榜"，更主要的是让消费者买了放心，以便在消费者中建立起良好的信誉。

**1. 听后判断正误。**

(1) ×　　(2) √　　(3) √　　(4) ×　　(5) √

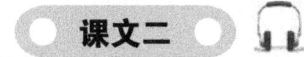

主持人：观众都知道，过去农民是靠天吃饭，一到年景不好，农民们就求神拜佛[3]。现在新一代的农民已经学会了科学种田，今天他们带着丰收的喜悦来到这里，咱们一起聊一聊科学种田这个话题。我看咱们还是从头说起，先说说以前不太景气的时候。听说老梁还给人算过命，是吗？

梁守仁：那是1989年、1990年的时候，因为我的爱人得了胃癌，家境也不好，在这种情况下我思想上也受到一定的打击，没有正经事可做，就看起了算命的书。因为生活没有来源，所以就想借这个活儿填补点儿家用，我就开始给人算命了。

主持人：您当时看了多少本算命的书？

梁守仁：前前后后买了二十几本吧，不过没有看懂。

主持人：当时村里的其他人或者邻村的人怎么忽然知道您会算命了呢？

梁守仁：刚开始我只给朋友、亲戚、周围的人算。后来有一次，邻居家一个闺女结婚，问我这门亲事如何，我就对他讲这个亲事不太好，属相不合。没想到举行典礼以前，这个小伙子突然出事死了。好像我算得非常准，其实我原来只是随便讲讲，但是这样就造成一种巧合。附近村里都知道我会算命了。不过男方的家人过了年还要找我算账呢，说是我害的。

主持人：老梁给人家算命，人家找他算账，得这么个结果。老王您在家里有过求神拜佛、搞封建迷信这样的事吗？

王永学：有。以前逢年过节我们都烧香拜佛，意思是祈求老天风调雨顺，好多收点儿粮食。特别是大年初一到初三，或者十五，或者八月节，都要烧上香，摆上供果，农村人叫敬天。

主持人：管用吗？
王永学：看起来是不大管用，那个时候年年烧香，收的粮食还是不够吃。还得储备一些地瓜、萝卜，挖一些野菜晒干，到冬天当菜吃。
主持人：老梁，您什么时候改变想法，决定洗手不干，不给人算命了？
梁守仁：我去年刚停下来。主要是因为孩子们也大了，两个儿子都是大学生，妻子和孩子都不赞成我给人算命。他们买回来很多技术书籍，有果树修剪、养蛇、养青蛙什么的，我自己也搞了些其他的资料，最后就看上养奶牛这一项了。鲜牛奶的营养成分特别高，养奶牛的经济效益很好，一年就是好几万。现在找我算命的人还有，我都客客气气地拒绝了。现在我给人宣传科学养殖，很受欢迎。
主持人：老王，您也给大家讲讲，您是怎么走上科学致富这条路的。听说村里人对你的议论非常多，给你起了很多外号。
王永学：分地以后，我就考虑这样下去还继续穷，我在几亩责任田里开始种桃树，那时候桃是老品种。我想引进新品种，发展种植，可是我没有那么多地呀，只能出高价从农民手里再包他的责任田，每年给他两季粮食，两个800斤。我包了六十多亩地，老百姓都害怕，开始都不包给我，怕我搞砸了[4]，给不起。有的村民就喊我"王大胆"、"王危险"。不过那个时候，一亩地的桃也顶五亩地的麦。后来我引进了28个新品种，效益一下子就上去了。看到种桃效益很好，他们又给我送了个外号"王发展"。
主持人：大家现在看到的这个桃子非常新鲜，就是刚从他们家树上摘下来的。据说这种桃子卖到深圳、香港可以卖很高的价钱！还是科学种田好啊！

（大家的观点）
观众一：我来自偏远的农村，我们那儿还有很多人讲迷信，不相信科学，而且随着经济的发展，迷信之风有愈演愈烈的趋势[5]。所以迷信的根本原因不是贫困，而是愚昧。我觉得破除迷信还很有必要。
观众二：我觉得如果想致富，肯定离不了科技。求神拜佛是靠不住的，没有必要信那个。即使有神话，也要靠自己去创造。多学点儿技术，多学点儿科学，对自己是相当有用的。农民需要知识，需要科学。
观众三：农民种地非常不容易，千万不要因为迷信耽误了农时，那是最不划算的。另外，党的政策也很重要。各级政府部门要减轻农民负担，科研部门要为农民服务，给他们提供优良品种，化肥、农药等农用物资也要保证供应。作为新时代的农民，还应该有市场意识、商品意识，把经济效益搞上去。

## 1. 听后选择正确答案。🎧

(1) 老梁开始给人算命有很多原因，下面哪种原因不是真的？　　　　　(C)

(2) 以前有些农民烧香拜佛，关于这种现象下面哪种叙述是正确的？　　(C)

(3) 关于老梁养奶牛以后的情况，下面哪种叙述是正确的？　　　　　　(A)

(4) 老王是怎么实现科学致富的？　　　　　　　　　　　　　　　　　(D)

## 2. 听后填空，并叙述每个段落。🎧

(1) 刚开始我只给朋友、亲戚、<u>周围的人</u>算。后来有一次，邻居家一个闺女结婚，问我这门亲事如何，我就对他讲这个亲事不太好，<u>属相不合</u>。没想到举行典礼以前，这个小伙子突然出事死了。好像我算得非常准，其实我原来只是<u>随便讲讲</u>，但是这样就<u>造成一种巧合</u>。附近村里都知道我会算命了。

(2) 以前逢年过节我们都烧香拜佛，意思是祈求老天风调雨顺，<u>好多收点儿粮食</u>。特别是大年初一到初三，或者十五，或者八月节，都要烧上香，<u>摆上供果</u>，农村人叫敬天。看起来是<u>不大管用</u>，那个时候年年烧香，收的粮食还是<u>不够吃</u>。还得储备一些地瓜、萝卜，挖一些野菜晒干，到冬天当菜吃。

(3) 妻子和孩子都不<u>赞成</u>我给人算命。他们买回来很多技术书籍，有果树修剪、养蛇、养青蛙什么的，我自己也搞了<u>些其他的资料</u>，最后就看上养奶牛这一项了。鲜牛奶的营养成分特别高，养奶牛的<u>经济效益</u>很好，<u>一年就是好几万</u>。现在找我算命的人还有，我都客客气气地<u>拒绝</u>了。现在我给人宣传<u>科学养殖</u>，很受欢迎。

(4) 我想<u>引进新品种</u>，发展种植，可是我没有那么多地呀，只能出高价从农民手里再包他的责任田，每年给他<u>两季粮食</u>，两个 800 斤。我包了六十多亩地，老百姓都害怕，开始都不包给我，<u>怕我搞砸了</u>，给不起。

(5) 各级政府部门要<u>减轻农民负担</u>，科研部门要为农民服务，给他们提供优良品种，化肥、农药等农用物资也要<u>保证供应</u>。作为新时代的农民，还应该有<u>市场意识</u>、商品意识，把经济效益搞上去。

录音文本及答案

## 第十二课　工人有技术

### 三、热身练习

**（一）词语练习**

2. 听句子，写出刚学过的生词。

(1) 媒体应该多宣传我国优秀的传统文化，让传统文化在现代社会发挥更大的作用。

(2) 由于他在计算机方面的杰出成就，1995 年他晋升为研究员，那时他才 28 岁。

(3) 现在，大熊猫的数量越来越少，必须采取措施加紧抢救。

(4) 路上，汽车出了故障，修汽车耽误了一个小时。

(5) 在我们公司，质量检测人员与工人的比例接近 1∶3，每 25 个人中就有 7 个质检人员。

(6) 家电市场的竞争非常激烈，厂家都在加强产品的售后维修服务工作。

(7) 进入公司，他必须从电脑最基本的操作学起，以后才能接触各种业务。

(8) 据不完全统计，那一天，上海市参加无偿献血的人已经超过 3000 人。

(9) 靠优良的售后服务，康佳彩电得到了社会的认可，市场占有率越来越高。

(10) 现在许多汽车都使用了遥控装置，据说这种装置非常方便使用。

3. 连线，组成短语。

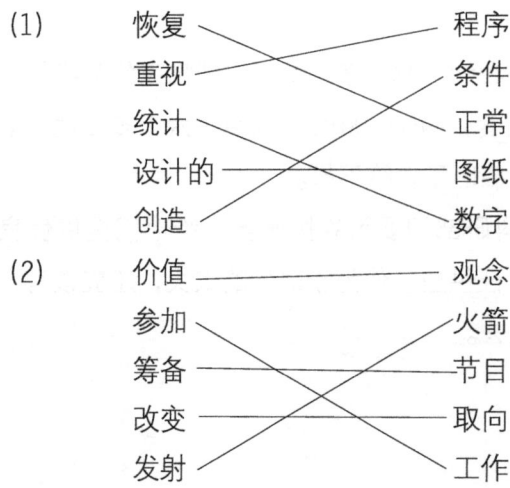

## （二）句子练习

**1. 听句子，判断正误。**

(1) 船票都买了，就是出事的那条船。我真要回国的话，可能今天就不会坐在大家面前了。

(2) 20 世纪五六十年代，我们对技术人员的重视程度和社会认可度是相当高的。

(3) 那几年我们公司对年轻人不够重视，人才流失比较严重。

(4) 农业、林业、师范院校的学生常常被人排在最低档次。

(1) ×　　(2) √　　(3) √　　(4) √

**2. 听后模仿。**

(1) 我主要是搞家电营销的。
我主要是搞服装设计的。
我主要是搞设备维修的。

(2) 要想把汉语学好，也不是一天半天就行的。
要想把足球踢好，也不是一天半天就行的。
要想把设备搞好，也不是一天半天就行的。

(3) 那些科学家的收入，远远比不上歌星、影星。
贫困山区学校的条件，远远比不上我们这里。
城市孩子的自理能力，远远比不上农村孩子。

(4) 在比赛过程中，他把另一名队员给撞倒了。
在操作过程中，工作人员把两个数字给打错了。
在搬运过程中，工作人员把部分文件给弄丢了。

## 四、听课文做练习

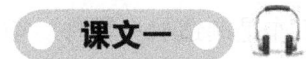

技术工人是工业生产的重要组成部分。即使专家设计的图纸再好，如果技术工人制作不好也是白费[1]。据统计[2]，中国有 2 亿工人，而技师仅有 34 万人，高级技师仅有 2 千人，即 10 万名工人中才有 1 名高级技师。那些技术明星的收入，远远比不上歌星、影星[3]，而且在晋升技师方面也不够制度化、经常化。至于在舆论氛围中，能够在"黄金时间"、"重要版面"中出现的就更稀少了。20世纪50年代，中国曾推出李瑞环、倪志福、张百发等一大批能工巧匠[4]，他们被媒体介绍得如雷贯耳。他们创造的绝活大大促进了生产。现在许多老年高级技师已经或将要退休，对于他们的宝贵经验，更应抓紧"抢救"。

1. 听后判断正误。

(1) ×　　(2) √　　(3) ×　　(4) ×　　(5) √

## 课文二

主持人：今天我们请来了三位工人师傅，高级技师，他们都是各自行业中身怀绝技的能工巧匠。请听他们是怎样分析眼前技术工人正面临着断档的原因。

高凤林（高级技师）：我是焊火箭的。当年我们"长三丙"火箭即将发射的时候，在操作过程中，操作人员把火箭的发动机部分给打伤了，当时在场专家提了几种意见。但是经过分析，认为都不可取。领导要派我上去补焊，我真要上去的话，可能今天就不会坐在大家面前了。

主持人：问题是怎么解决的呢？

高凤林：我提出了另外一种检测方法。我们模仿故障，在地面进行了上百次的试验，然后进行理论分析，最后证明这个故障不会影响火箭发射使用。

陈光（高级技师）：我主要是搞设备维修的。虽然我是工人出身，但是我始终没有放弃学习技术。我们单位进口设备多，维修难度比较大。几年前，我们单位进口了一台日本的机床，设备在运输过程中出了故障，但是我们单位还需要用它，怎么办呢？只能进行改造。搞电器的工程师带着我们，到机床厂走访，把这套系统全都国产化了，就是说用咱中国人自己制造的一个系统，使它恢复正常了。这设备到现在运行好多年了，基本达到外国设备的那种要求。这说明要想把设备搞好，也不是一天半天就行的，也得有一定的技能。

薛云良（高级技师）：我的工作是制造机器零件。前些年上海开发浦东要过江，就决定搞一个隧道，这个隧道里面要通无轨电车，试车试了几天，就是过不去，一开车就把上面的灯都打坏了，损失大概十几万。当时我就说了一个意见，我想是不是在这一段加上一个缓冲装置呢。后来按我的意见做了，4月30日顺利通车了。

主持人：这个难题后来就彻底解决了，所有的无轨电车上都装上了这种缓冲装置，现在还在安全行驶着。

薛云良：现在看来呢，年轻人不大想学技术。

主持人：对，因为我在筹备这个节目的时候，看了一些书，发现咱们国家和日本、德国高级技工的统计数字相差很大，我国的高级工人只占工人总数的3%，日本和德国都占到了25%，这可能就是我们的产品有时候不如人家的原因。为什么现在技术工人会这样少？比例会这样低？各位师傅想过这个问题没有？

高凤林：据我的理解这是一个社会认可问题。我们知道，20世纪五六十年代，我们对技术人员的重视程度和社会认可度是相当高的。那个时候，工人学技术的热情也是很高的。随着经济的发展，随着改革开放，世界变得丰富多彩了，社会的价值取向也发生了变化。工人的技术，逐渐被社会淡忘了，社会对他的认可度降低了，这就会造成我们今天大部分青年人学技术的兴趣降低。

陈　光：我感觉在我们企业还是比较重视这件事，在这方面搞得还比较好。考虑到现在青工不学技术[5]，技术人才流失比较严重的问题，厂里就鼓励工人学技术，并且给青年工人学技术创造了很多有利条件。

（大家的观点）

观众一：我觉得社会对技术工人的认识应该改变。我是一名技工学校的学生。技工学校的学生常常被排在最低档次。比如说，初三的孩子考学，家长尽可能让你考中专、高中，以便以后能上大学，能有个好的工作。技工学校是被排在最后的。

观众二：我觉得技术工人自身也应该改变观念。我有时候看征婚启事，很少写"我是工人"的。我年轻的时候当个工人很光荣，因为那时候工作很难找，上技校就能够工作。现在一说工人就把女孩子吓跑了。技术工人往往很自卑，总以为学习好的可以上高中考大学，学习不行的还可以上职高，最没本事的才上技校。

观众三：我觉得社会的发展，对工人来说并不是不需要他们，但是另一方面，我们也同样需要高层次的工程技术人员。我想问一下这三位师傅，你们在年轻的时候，在参加工作以前，是不是也想上大学？或者说你们是不是就喜欢当工人？我觉得对技术工人应该客观的来评价。火箭也是工程技术人员造出来的，对不对？

1. 听后选择正确答案。 🎧

   (1) 火箭出了问题，后来是怎么解决的？ (C)

   (2) 关于技术工人的现状，下面哪种说法是不正确的？ (B)

   (3) 无轨电车通过隧道遇到的难题是怎么解决的？ (A)

   (4) 关于技术工人，下面哪种叙述是不正确的？ (C)

2. 听后填空，并叙述每个段落。 🎧

   (1) 火箭即将发射的时候，<u>在操作过程中</u>，操作人员把火箭的发动机部分<u>给打伤了</u>，当时在场专家<u>提了几种意见</u>。但是经过分析，认为都不可取。领导要派我上去补焊，我真要上去的话，可能今天就不会<u>坐在大家面前了</u>。

   (2) 我主要是搞<u>设备维修</u>的。虽然我是工人出身，但是我始终没有放弃<u>学习技术</u>。我们单位进口设备多，<u>维修难度比较大</u>。那年，<u>我们单位进口了</u>一台日本的机床，设备在运输过程中<u>出了故障</u>，但是我们单位还需要用它，怎么办呢？只能<u>进行改造</u>。搞电器的工程师带着我们，到机床厂走访，把这套系统<u>全都国产化了</u>。

   (3) 前些年上海<u>开发浦东</u>要过江，就决定<u>搞一个隧道</u>，这个隧道里面要通无轨电车，试车试了几天，<u>就是过不去</u>，一开车就把上面的灯都打坏了，损失<u>大概十几万</u>。当时我就说了一个意见，我想是不是在这一段加上一个<u>缓冲装置</u>呢。后来按我的意见做了，4月30日<u>顺利通车了</u>。

   (4) 20世纪五六十年代，我们对技术人员的<u>重视程度</u>和社会<u>认可度</u>是相当高的。那个时候，工人学技术的热情也是很高的。随着经济的发展，<u>随着改革开放</u>，世界变得<u>丰富多彩</u>了，社会的<u>价值取向</u>也发生了变化。工人的技术，逐渐被社会<u>淡忘了</u>，社会对他的认可度降低了。

   (5) 我是一名技工学校的学生。技工学校的学生常常被排在<u>最低档次</u>。比如说，初三的孩子考学，家长<u>尽可能</u>让你考中专、高中，<u>以便</u>以后能上大学，能有个好的工作。<u>技工学校</u>是被排在最后的。

录音文本及答案

# 第十三课　假如我中奖了

## 三、热身练习

### （一）词语练习

**2. 听句子，写出刚学过的生词。**

(1) 我们不应该畏惧困难，而是应该努力克服它们。

(2) 现在我国的医疗体系还不太完善，存在着很多问题。

(3) 为了筹集资金，厂长把省里的部门都跑遍了。

(4) 虽然我们住在一个城市，可是每次都擦肩而过。

(5) 现在老百姓在茶余饭后总喜欢讨论一些所谓的国家大事。

(6) 只是安静地等待是没有用的，要学会自己去争取机会。

(7) 终于有一天，好运气降临到了我的身上。

(8) 出国不但可以学习先进的知识，而且还可以开开眼界。

(9) 他是个不近人情的老人，说话总是冷冷的。

(10) 山区儿童上学以后都希望自己将来能回报社会。

**3. 连线，组成短语。**

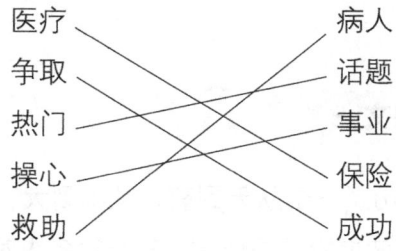

### （二）句子练习

**1. 听句子，判断正误。**

(1) 中国体育事业的发展离不开体育彩票的大力支持。

(2) 弱势群体包括残疾人、贫困学生、灾区人民、山区人民、红十字会的救助对象什么的。

63

(3) 随着体彩公益金越来越多的用于社会保障等公益事业,体育彩票已成为我国筹集公益事业发展资金的重要渠道。

(4) 除了支持全民健身和奥运以外,体育彩票公益金也将视角转向了更广阔的社会领域。

(1) ×　　(2) √　　(3) √　　(4) √

2. 听后模仿。

(1) 根据统计,体彩已经让我们的身边多出了1800多个500万的富翁。

根据统计,中国有70％的人是农民。

根据调查,这起交通事故是汽车司机酒后驾车引起的。

(2) 其实我倒觉得有钱以前我的生活更潇洒,更无忧无虑。

我们会离婚,其实不全是他的错。

其实我一直很喜欢她,只是不知道怎么开口告诉她。

(3) 不是我想让他自己争取成功,而是真的没有太多的钱可以留给他了。

我不是没有钱去旅行,而是没有那么多时间。

成功不是靠等来的,而是靠自己争取来的。

(4) 我本来是可以自己去领奖的,可是我觉得如果那么做我就不能面对自己的良心。

面对成功,每个人的心情都不一样。

事业失败以后,他不知道怎么面对自己的家人。

## 四、听课文做练习

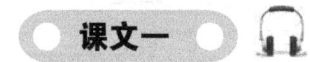

课文一

从1984年到现在,中国体育彩票经历了一个从无到有,从小到大,从弱到强的过程。改革开放的早期,中国老百姓并不知道彩票是什么,甚至很多人对彩票还存在"陌生畏惧"的情绪。很多人说在他们的概念里,体育彩票就是体育部门发行的彩票,这些彩票的收益都用于体育事业。从某个角度说[1],这样的理解也不算错,中国体育事业的发展的确离不开体育彩票的大力支持。但是随着体彩公益金越来越多的用于社会保障等公益事业,体育彩票已成为我国筹集公益事业发展资金的重要渠道。如今,除了支持全民健身和奥运以外,体育彩票公益金也将视角转向了更广阔的社会领域，将爱心献给了更多的弱势群体，这其中包括残疾人、贫困学生、灾区人民、山区人民、红十字会的救助对象，等等。总之，随着社会的发展，体育彩票已经成为了人们生活中不可缺少的一部分。

**1. 听后判断正误。**

(1) ×　　(2) ×　　(3) √　　(4) √　　(5) ×

## 课文二 🎧

主持人：近年来体育彩票成了大家茶余饭后讨论的热门话题。中奖不再是白日做梦，根据统计，体彩已经让我们的身边多出了1800多个500万的富翁。这些富翁们的生活到底怎么样？他们的生活潇洒吗？大家欢迎孙先生。

孙先生：其实我倒觉得有钱以前我的生活更潇洒，更无忧无虑。中奖以前，我跟我爱人都赚工资，就一个小孩，生活挺充实的。现在不一样了，现在有钱了，这个钱还是从天上掉下来的，我总觉得应该回报社会。

主持人：那么中奖以后，您是怎么分配这些钱的呢？

孙先生：当时也跟大部分人一样，我先给自己和兄妹买房子，每人一套房子，还给他们装修好，每人一套红木家具，然后给他们每人买了一份保险。后来我想给家乡作点儿贡献，为了下一代，我花了十多万，和我们当地的图书馆一起搞了一个少儿图书馆，现在拥有读者4000多名。剩下的钱就不太多了，我花了100多万投资了一个企业，每天都为事业操心。现在我黑了也瘦了，感觉生活得很累。至于我的孩子，我肯定是留钱给他了，可是不太多，不是我想让他自己争取成功，而是真的没有太多的钱可以留给他了。

主持人：这里还有一位女士，她和500万擦肩而过。不是500万没有选择她，而是她放弃了500万，让我们听听林女士的故事。

林女士：我是一个体育彩票的老板，有一次一位老顾客让我帮他买彩票，结果中了500万。我拿着那张彩票，本来是可以自己去领奖的，可是我觉得如果那么做我就不能面对自己的良心。所以我把500万还给了顾客。后来，顾客为了表示感谢，要给我20万，可是我没接受。500万我都没要，那20万我更不会拿的。为了这件事，很多朋友都笑我傻。但是我的家人都很支持我，我觉得我从小受到的教育很成功。

主持人：那你有没有想过，如果你有500万，你会干什么？

林女士：如果我自己真的拥有500万，我也有很多梦想，买车、买楼，为自己的家乡作一点儿贡献，盖学校、修公路什么的。但是自己买体彩中奖和拿别人的奖是两回事[2]。

（大家的观点）

主持人：这样的机会会不会降临在今天在座的这些朋友们的身上呢？我想听听大家的想法。如果你得了500万的话，可能会怎样？你会拿它来干什么？

观众一：首先我想说的是，我觉得自己不太可能得到500万，这有点儿像白日做梦。不过如果我得了500万，我会先拿出100万或者150万买一栋楼。这是因为现在社会不断进步，人们的生活也需要改善一下。另外一部分给我的父亲，因为我的父亲年纪比较大，他虽然也有养老金，也有医疗保险什么的，但是他的身体毕竟需要一些营养。剩下的我觉得就要捐给公益事业。至于我的儿女们，我不想留钱给他们。大家不要觉得我这个父亲不近人情，我觉得他们应该自己去争取成功。

观众二：我不太同意他这样的分配方式。给父母留一部分钱是应该的，买房子也是应该的。可是不给儿女们留钱不见得是对他们好[3]。现在的年轻人对生活水平的要求比较高，跟我们不太一样。如果我得了500万，我就打算留100万给儿子上大学用，我希望他可以过得好一点儿。

主持人：来，让我们听听年轻人的想法。

观众四：中奖后，我会拿出100万做我的教育投资。俗话说：活到老，学到老。学习是无止境的，这些教育投资会给我的人生带来更多的可能性。我可能会选择出国留学，到世界各地去看看，开开眼界。然后我会拿出一部分钱给我的父母，买房买车他们自己决定。我就是想让他们过得舒服一点儿。剩下的钱，我想做一些投资和买卖。哦，对了，我还会给女朋友买个大钻戒什么的。虽然这都是白日做梦，但是这么想想我心里还是挺美的。

1. 听后选择正确答案 🎧

   （1）孙先生中奖以后的生活是怎样的？                           （C）

   （2）"活到老，学到老"这句话是什么意思？                       （B）

(3) 第一位观众觉得应不应该给孩子留些钱?　　　　　　　　　　(A)

(4) 大家怎么看待林女士的做法?　　　　　　　　　　　　　　　(D)

## 2. 听后填空，并叙述每个段落。🎧

(1) 其实我倒觉得有钱以前我的生活更潇洒，更无忧无虑。中奖以前，我跟我爱人都赚工资，就一个小孩，生活挺充实的。中奖以后，我总觉得应该回报社会。

(2) 我先给自己和兄妹买房子。后来我想给家乡做点儿贡献，为了下一代，我花了十多万，和我们当地的图书馆一起搞了一个少儿图书馆，现在拥有读者4000多名。剩下的钱就不太多了，我花了100多万投资了一个企业，每天都为事业操心。至于我的孩子，我肯定是留钱给他了，可是不太多，不是我想让他自己争取成功，而是真的没有太多的钱可以留给他了。

(3) 林女士和500万擦肩而过。她拿着那张彩票，本来是可以自己去领奖的，可是她觉得如果那么做就不能面对自己的良心。所以她把500万还给了顾客。后来，顾客为了表示感谢，要给她20万，可是她没接受。为了这件事，很多朋友都笑她傻。但是她的家人都很支持她，她觉得她从小受到的教育很成功。自己买体彩中奖和拿别人的奖是两回事。

(4) 如果我得了500万，我会先买一栋楼。这是因为现在社会不断进步，人们的生活也需要改善一下。另外一部分给我的父亲，他虽然也有养老金，也有医疗保险什么的，但是他的身体毕竟需要一些营养。剩下的我觉得就要捐给公益事业。我不想留钱给儿女，不是因为我不近人情，而是我觉得他们应该自己去争取成功。

(5) 不给儿女们留钱不见得是对他们好。现在的年轻人对生活水平的要求比较高，跟我们不太一样。如果我得了500万，我就打算留100万给儿子上大学用，我希望他可以过得好一点儿。

(6) 中奖后，我会拿出100万做我的教育投资。俗话说：活到老，学到老。学习是无止境的，我可能会出国去开开眼界。然后我会拿出一部分钱给我的父母，让他们过得舒服一点儿。剩下的钱，我想做一些投资和买卖。还有，我要给女朋友买个大钻戒。

录音文本及答案

# 第十四课　气候变暖

## 三、热身练习

### （一）词语练习

**2. 听句子，写出刚学过的生词。**

(1) 沿海地区经济发展起步较早，但能<u>源</u>相对缺乏。

(2) 洪水<u>威胁</u>着人们的生命和财产安全。

(3) 我们要维护世界和平，<u>促进</u>经济发展。

(4) 房屋、道路、<u>桥梁</u>，这里的一切都被地震摧毁了。

(5) 疾病迅速<u>蔓延</u>到了整个北方地区，人们正常的生活被打乱了。

(6) 这项技术不仅能建造空中花园美化生活，还能在<u>不毛之地</u>的沙漠上种蔬菜。

(7) 沙漠化是全球最严重的<u>生态</u>问题之一，是人类的共同<u>灾难</u>。

(8) 这些改革打破了长期以来的经济发展<u>模式</u>，产生了积极效果。

(9) 这种不良的饮食习惯会对人的消化系统造成<u>不可逆转</u>的损害。

(10) 烧煤取暖做饭污染大气环境，早就改用<u>天然气</u>了。

**3. 连线，组成短语。**

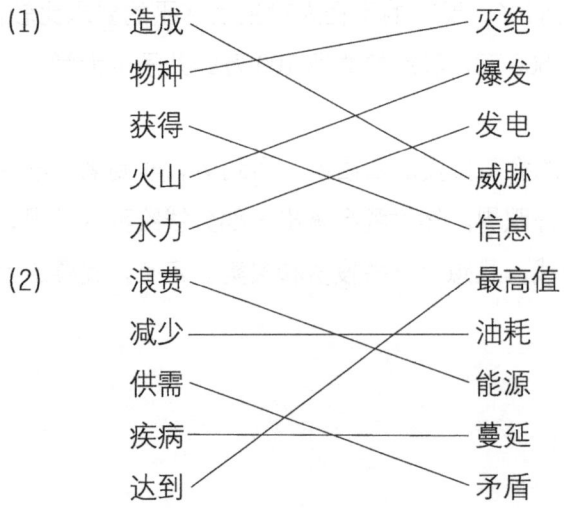

68

## （二）句子练习

### 1. 听句子，判断正误。

(1) 预计在未来 100 年内，全球气候变暖趋势将愈演愈烈。
(2) 导致全球变暖的因素主要有自然因素和人为因素两种，人为因素引起的气候变化更显著。
(3) 应对气候变暖最有效的措施应该是减少温室气体的排放。
(4) 我们要寻求一个可持续发展的模式，既要促进经济发展，又要减少温室气体排放。

(1) √   (2) ×   (3) √   (4) √

### 2. 听后模仿。

(1) 从某些方面看，大家的认识也并不一致。
　　从某些方面看，有些基本的知识永远不会过时。
　　从某些方面看，全球变暖是不可逆转的。
(2) 公司的快速发展与雄厚实力，引起了其他同行的关注。
　　这个机构提供的价格信息，引起了消费者的关注。
　　人为因素引起的气候变化，引起了全世界的关注。
(3) 粮食价格的变化会对城乡居民生活带来不利的影响。
　　失业人数的增加会对社会稳定带来不利的影响。
　　气候变暖会对经济发展带来不利的影响。
(4) 如果不采取适当措施的话，美元贬值会对我们的资本市场造成很大的威胁。
　　如果不采取适当措施的话，河流堵塞会对我们的日常生活安全造成很大的威胁。
　　如果不采取适当措施的话，气候变暖会对我们的粮食安全造成很大的威胁。

## 四、听课文做练习

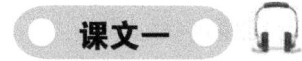
课文一

全球气候变暖是一个相当复杂的问题，它影响了所有的国家和地区。一份关于气候变化的报告指出，二氧化碳等温室气体会造成全球范围内的温度升高。而温室气体主要是由于燃烧煤和石油等产生的[1]。预计在未来100年内，由于愈演愈烈的全球变暖趋势，被称为"不毛之地"的南极洲将有望长出树木。全球变暖会给人类带来灾难，如果人们不行动起来，这种灾难将会影响到所有人的生活。从某些方面看，全球变暖是不可逆转的，我们只能够减轻和适应它。我们可以考虑用其他能源来发展经济，比如绿色能源、电动汽车、水力发电等其他清洁能源。

**1. 听后判断正误。**

(1) ×    (2) ×    (3) √    (4) ×    (5) √

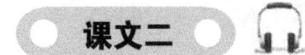

主持人：地球气候变暖已经成为公认的事实，对人类生活影响很大。今天我们就聊聊气候变暖这个话题。请问，全球变暖对人类生活到底有何影响？

汪　涛：全球变暖会造成干旱，降雨和降雪都减少了，供水的量自然会减少；还会出现比较极端的现象，比如说台风；同时，海平面的上升会对沿海城市造成威胁；全球变暖也会影响到整个生态系统。由于气温的升高，蚊子可以在更大范围内生存，所以会造成一些疾病的蔓延。全球变暖可以导致物种的灭绝，比如说北极熊，由于所生存的环境改变，它们有可能会灭绝。这是我们可以想象到的，而且也正在研究的一些现象，都是由于气候变暖造成的。

姜海洋：世界各国的老百姓对气候变化的问题也都开始关注了，因为仅仅是一场风暴就能摧毁一座城市。另外，随着全球变暖，一些国家和地区出现了不同程度的干旱，而且气温也达到了50年以来的最高值。现在普通的百姓并不用从电脑上获得这些信息，直接从生活中就可以感受到全球变暖。

主持人：导致全球变暖的因素有哪些呢？

汪　涛：主要有自然因素和人为因素两种，自然因素我们无法控制，比如火山爆发。人为因素包括使用煤、石油、天然气和化肥等，这些会引起大气中温室气体的增加。一份研究报告指出，目前人为因素引起的气候变化更显著，引起了全世界的关注。

主持人：全球变暖目前对哪个行业影响最大？

姜海洋：根据目前的了解，对农业、水、生态系统、沿海地区和人的健康影响最大，当然为了应对变化，要减少温室气体排放，这样对能源及有关的行业影响会比较大。

## 14 气候变暖

汪　涛：气候变暖会对经济发展带来不利的影响。比如在未来30到50年内，会使我们的农业减产5%到10%。如果不采取适当措施的话，会对我们的粮食安全造成很大的威胁。还有科学家研究，在未来20到30年期间，我们北方的水资源的供需矛盾还会进一步加大[2]。

主持人：全球升温是人类的活动带来的，有些活动甚至可能是决定性的，我们现在面对的问题就是气温上升了，海洋发生了变化，那么我们该怎么办？

汪　涛：应对气候变化最有效的措施，应该是减少温室气体的排放，减少温室气体在大气中的含量[3]，避免气候非常急速的变化。

姜海洋：我们希望发达国家能够采取各种有力的措施，大量减少温室气体的排放。他们有技术、有资金，也有这方面的经验，应该在应对全球变暖的行动中起到带头作用。当然，这并不意味着发展中国家就不需要做出任何的行动。

汪　涛：大家可能会有一个误解，随着经济的发展，二氧化碳的排放量就不断的增加，实际上并不应该是这样的。我们要寻求一个又能促进经济发展、又能减少温室气体排放的模式，也就是我们常说的可持续发展的模式，这个对于我们来说目前还比较困难。

（大家的观点）

观众一：我们广大的老百姓，怎么应对气候变化？我想很重要的就是节约，不要浪费能源。比如重复使用购物袋，多利用风能、太阳能等清洁能源。全球变暖与每个人息息相关[4]，个人的小行动也能改变世界的大气候。

观众二：其实，普通人只要在生活中稍微加以注意，算上一笔"节能账"，就能节约不少能源，减少温室气体的产生。比如，可以选择把空调室外机装在阴凉处，运转效率就可以提升10%；冬天时，将空调温度调低2摄氏度，夏天调高2摄氏度，也可以减少二氧化碳的产生。

观众三：喜欢驾车出行的朋友略微改变一下自己的习惯，也可以节约不少能源。例如，减少开车次数，给车胎打足气，别让发动机转速过高，这些小措施都可以减少油耗。

## 1. 听后选择正确答案。

(1) 下面哪种现象不是全球变暖造成的？　　　　　　　　　　　　　　　(D)

(2) 目前来看，哪种因素是引起气候变暖的主要因素？　　　　　　　　　(B)

(3) 应对气候变化最有效的措施是什么？ (C)

(4) 下面哪种做法会浪费能源？ (C)

## 2. 听后填空，并叙述每个段落。 🎧

(1) 全球变暖对人类生活到底有何影响？

　　全球变暖会造成干旱，降雨和降雪都减少了，供水的量自然会减少；还会出现比较极端的现象，比如说台风；同时，海平面的上升会对沿海城市造成威胁；全球变暖也会影响到整个生态系统。由于气温的升高，蚊子可以在更大范围内生存，所以会造成一些疾病的蔓延。全球变暖可以导致物种的灭绝，比如说北极熊，由于所生存的环境改变，它们有可能会灭绝。

(2) 导致全球变暖的因素有哪些呢？

　　主要有自然因素和人为因素两种，自然因素我们无法控制，比如火山爆发。人为因素包括使用煤、石油、天然气和化肥等，这些会引起大气中温室气体的增加。一份研究报告指出，目前人为因素引起的气候变化更显著，引起了全世界的关注。

(3) 气候变暖会对经济发展带来不利的影响。比如在未来30到50年内，会使我们的农业减产5%到10%。如果不采取适当措施的话，会对我们的粮食安全造成很大的威胁。还有科学家研究，在未来20到30年期间，我们北方的水资源的供需矛盾还会进一步加大。

(4) 我们广大的老百姓，怎么应对气候变化？我想很重要的就是节约，不要浪费能源。比如重复使用购物袋，多利用风能、太阳能等清洁能源。全球变暖与每个人息息相关，个人的小行动也能改变世界的大气候。

录音文本及答案

# 第十五课　奥运会志愿者

## 三、热身练习

### (一) 词语练习

**2. 听句子，写出刚学过的生词。** 🎧

(1) 这个家族的历史可以<u>追溯</u>到17世纪。

(2) 我们将把你的建议<u>纳入</u>这一新的计划。

(3) 盛大的开幕式不仅是一场精彩的表演，更有着丰富的<u>内涵</u>。

(4) 家庭结构和双亲角色都有清楚的<u>界定</u>。

(5) 如果得出结论说<u>无私</u>的关怀已经不复存在，那就错了。

(6) 我愿替你做这件事，只需给我一点小小的<u>报酬</u>。

(7) 我谨代表我公司为贵公司提供的帮助表示<u>衷心</u>的感谢。

(8) 他是一个<u>不辞辛劳</u>的人，无论发生什么情况，他都始终<u>坚守岗位</u>，主持各项工作。

(9) 他的<u>品味</u>和习惯跟他的妻子大不相同。

(10) 从前他很穷困，然而<u>时过境迁</u>，如今他已是百万富翁了。

**3. 连线，组成短语。**

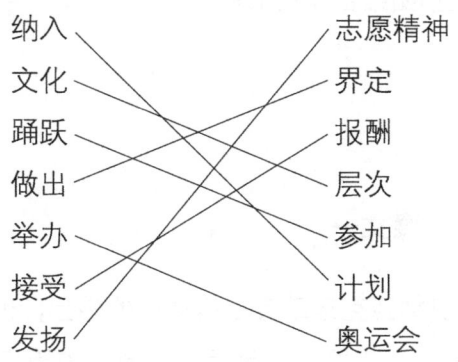

## (二) 句子练习

**1. 听句子，判断正误。**

(1) 由于今年雨水较少，庄稼的产量比去年下降了三成左右。

(2) 学校图书馆给同学们提供了很多图书，为的就是让同学们好好学习。

(3) 母亲一个劲儿地劝他戒烟，可他就是不听。

(4) 这个工厂受原料不足的限制，产量已经明显下降了。

(1) √    (2) ×    (3) √    (4) ×

**2. 听后模仿。**

(1) 既然是讨论，就不能一个劲儿地听别人说，也要说出自己的想法。
　　我只是帮了他一个小忙，他却一个劲儿地谢谢我。
　　我问他喜欢不喜欢吃香菜，他一个劲儿地摇头。

(2) 我们班的同学都踊跃参加这次演讲比赛。
　　无数热爱体育的人们踊跃购买奥运会比赛的门票。
　　在课堂上，学生们都踊跃回答老师提出的问题。

(3) 修建更多的铁路已经被纳入国家的工作计划，为的就是更好的发展。
　　他已经把汉语纳入这学期的学习计划，为的就是以后去中国留学。
　　北京已经被我纳入今年的旅游计划，为的就是去观看奥运会。

(4) 要把我们的国家建设得更加美好，我们必须发扬艰苦奋斗的精神。
　　要把这次奥运会办好，我们必须发扬志愿者无私奉献的精神。
　　要解决这个困难，我们必须发扬团结合作的精神。

## 四、听课文做练习

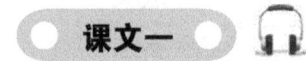

课文一

　　**国际奥委会**主席罗格曾说过："奥林匹克运动会是运动员的盛会，也是志愿者的盛会。"志愿者是奥林匹克运动的重要组成部分。奥运会志愿者的历史可以**追溯**到1896年的**希腊**奥运会。20世纪80年代后，奥运会志愿者活动被正式纳入**组委会**的工作计划，成为举办奥运会的重要组成部分。1992年，**巴塞罗那**奥运会举办时首次对奥运会志愿者的内涵作出界定：奥运会志愿者是在举办奥运会过程中，以自己个人的无私的参与，尽其所能，团结合作，完成交给自己的任务，而不接受报酬或其他任何回报的人。虽然没有任何报酬，但是并不影响人们踊跃参加的热情。在2008北京奥运会中，志愿者报名人数超过56万。他们来自不同的领域，不同的文化层次，不同的年龄，其中七成以上是年轻人[1]。

**听后判断正误。**

(1) ✓　　(2) ×　　(3) ✓　　(4) ×　　(5) ✓

## 课文二

主持人：在奥运会开幕式和闭幕式上，都有这样一句话："向那些为奥运会开幕式包括闭幕式的成功甘愿作出默默贡献的人们致敬"，这是组委会衷心的感谢。今天我们有幸请到了一些对奥运会特别热心的朋友来参加我们的节目，今天的话题就是谈一谈这句话中"甘愿作出默默贡献的人们"——志愿者，及志愿者精神。

奥运志愿者一：我是一名大学生，经过报名和选拔，我幸运地成为2008年北京奥运会的志愿者。我是在国家体育场做志愿服务，在那儿，我真正感到了作为一名志愿者的责任和骄傲。我希望用我的热情和真诚去帮助需要帮助的人，解决他们的困难。我希望带给他们一种感觉，那就是有事就找志愿者，有困难就找志愿者。我希望能成为来自世界不同国家的人的朋友。

奥运志愿者二：我想说的是，今天我是个幸运儿，能面对镜头向所有人说出我的奥运经历和感受。但是，你们要知道，在这难忘的16天里，有无数的志愿者，每天坚守自己的岗位，没有镜头，没有人群，甚至没有人注意，因为他们的岗位可能就是停车场，或是垃圾箱旁，他们这样做，为的就是保证我们的奥运会顺利而安全地进行[2]。

北京市奥组委代表：奥运志愿者活动在各个场馆，为各国运动员、教练员、观众提供优质的服务，保证北京奥运会各项工作能够顺利进行，他们的一言一行也展现了我们国家的精神面貌和道德传统，他们不仅为成功举办这次奥运会作出了巨大的贡献，还出色地发扬了志愿者精神。值得一提的是[3]，我们的志愿者精神的体现并不是局限于志愿者群体，而是所有北京的市民甚至是全国人民共同体现出来的。没有全北京、全中国人民的支持，没有全北京、全中国人民的参与和热情，奥运会是不可能顺利进行的。我们志愿者的名额是有限制的，很多社会热心人士没有能够成为一名志愿者，但是这并不影响大家学习志愿者精神，并把这种精神带到行动中去，用实际行动去影响身边的人，提高我们整个社会的人文水平和道德水平，这样做本身也是对奥运的最大的贡献。

**某市民**：我是一名北京的出租车司机，虽然我不是一名正式的奥运会志愿者，但是在实际工作中还是为奥运作了许多贡献的。比如说奥运会期间，在我遇到外国朋友的时候，我通常会根据经验判断客人来自哪个国家或地区，然后从准备好的不同品味的CD中选择合适的曲子播放，乘客马上对我就亲切了许多。车子在行驶的过程中，我还用一些简单的英语向他们介绍北京的历史、名胜古迹，还有小吃。外国的乘客坐完我的车都一个劲儿地[4]冲我说"thank you"。其实，我个人觉得，在奥运会期间认认真真地工作也是一种贡献，也是发扬志愿者精神。

**主持人**：今天在座的有志愿者，有奥运会的组织者还有我们普通的市民，他们都在自己的工作岗位上为这次世纪盛会作出了贡献。现在让我们听听大家的观点。

（大家的观点）

**观众一**：我们每个人的身份和职业可能是不同的，但是发扬志愿者精神是不受身份和职业的限制的[5]。我国有13亿人口，不可能每个人都有机会来做志愿者。我认识一位北京的姓王的老人，她96岁高龄了，90岁那年她听说奥运会要在北京举行，便产生了用剪纸做礼品送给参加奥运会的代表团的想法。至今她已完成了近240套。随着奥运视觉形象的不断发布，王老的剪纸内容也不断增加：既有福娃，也有奥运五环、火炬等。另外，她还坚持自学英语，她说，她要用英语跟外国运动员和客人直接交流。我想，发扬志愿者精神就应该像她那样。

**观众二**：志愿者精神不是一种只有在特殊时期、特殊场合中才存在的精神，它也不仅仅体现在奥运会志愿者身上，还应该体现在广大民众身上。它作为一种精神，我觉得，即使是奥运会开完了，也要把这种精神一直传承发扬下去。很多时候，一种精神只是在某个特定的时间里得到人们的肯定和发扬，但是时过境迁，就会被人们遗忘。我们不愿看到这种事情发生，我们希望志愿者精神能深入到每个人的内心，永远延续下去。

奥运会志愿者　15

1. 听后选择正确答案。🎧

    (1) 关于奥运会志愿者你认为下边哪句话是正确的？　　　　　　　　　　　　　　(D)
    (2) 老人剪纸的目的是什么？　　　　　　　　　　　　　　　　　　　　　　　(C)
    (3) 下面哪一项不是出租车司机为乘客做的事？　　　　　　　　　　　　　　　(D)
    (4) 下面哪一种说法是错误的？　　　　　　　　　　　　　　　　　　　　　　(B)

2. 听后填空，并叙述每个段落。🎧

    (1) 在奥运会开幕式和闭幕式上，都有这样一句话："向那些为<u>奥运会开幕式包括闭幕式的成功</u>甘愿做出<u>默默贡献</u>的<u>人们</u>致敬"，这是组委会衷心的感谢。主持人请到了<u>一些</u>对<u>奥运会特别热心的朋友</u>来参加这次节目，他们的话题是"<u>志愿者及志愿者精神</u>"。

    (2) 我真正感到了<u>作为一名志愿者的责任和骄傲</u>。我希望用我的热情和真诚去帮助<u>需要帮助的人</u>，解决他们的困难。我希望带给他们一种感觉，有事就找志愿者，有<u>困</u>难就找志愿者。我希望能成为来自世界不同国家的人的朋友。

    (3) 奥运会志愿者活动在各个场馆，为各国运动员、<u>教练员</u>、观众提供优质的服务，保证<u>北京奥运会各项工作</u>能够顺利进行，他们的言行也展现了我们国家的<u>精神面貌和道德传统</u>，他们不仅为<u>成功举办这次奥运会</u>作出了巨大的贡献，还出色地发扬了志愿者精神。值得一提的是，我们的志愿者精神的体现并不是<u>局限于志愿者群体</u>，而是所有北京的市民甚至是全国人民共同体现出来的。

    (4) 有一名普通的出租车司机，虽然不是一名<u>正式的</u>奥运会志愿者，但是<u>在实际工作中还是为奥运作了许多贡献</u>。他在奥运会期间开车时为外国客人准备了很多<u>音乐 CD</u>。车子在行驶的过程中，他还用简单的英语向客人介绍北京的<u>历史</u>、<u>名胜古迹</u>，还有<u>小吃</u>。他认为，在奥运会期间<u>认认真真地工作</u>也是一种贡献，也是发扬志愿者精神。

    (5) 发扬志愿者精神是不受<u>身份</u>和<u>职业</u>的限制的。一位姓王的老人，她 <u>96 岁</u>高龄了，她听说奥运会要在北京举行，便产生了<u>用剪纸做礼品送给参加奥运会的代表团</u>的想法。她已完成了近 <u>240</u> 套剪纸。她还坚持<u>自学英语</u>，以便跟外国运动员和客人直接交流。

    (6) 还有的观众认为，志愿者精神不仅仅体现在奥运会志愿者身上，还应该体现在<u>广大民众身上</u>。即使<u>奥运会开完了</u>，也要把<u>这种精神一直传承发扬下去</u>。他担心<u>时过境迁</u>，这种精神就会被人们遗忘。他希望志愿者精神能<u>永远延续下去</u>。

录音文本及答案

# 第十六课　城市交通

## 三、热身练习

### （一）词语练习

**2. 听句子，写出刚学过的生词。**

(1) 村里腾出来一块空地，建了一所养老院。

(2) 城镇居民人均收入10000元以上，比10年前翻了一番。

(3) 北京最近新开辟了一个旅游景点，那里有天然森林和草场。

(4) 想进去看表演的观众太多了，剧院根本容纳不下。

(5) T恤衫上面印着许多"不准摘花，罚款60元"、"不准停车，罚款100元"之类的文字，当地规定之多可见一斑。

(6) 南方一些地区利用室内人工冰场开展滑冰运动，值得提倡。

(7) 地震后，由于停水断电，整个城市基本处于瘫痪状态。

(8) 通过收取水费这一经济杠杆，使全社会更加节约用水。

(9) 市政府决定拨款100万元，在市区繁华地段新建100个报刊亭。

(10) 消费者一般都希望买到价廉物美的产品。

**3. 连线，组成短语。**

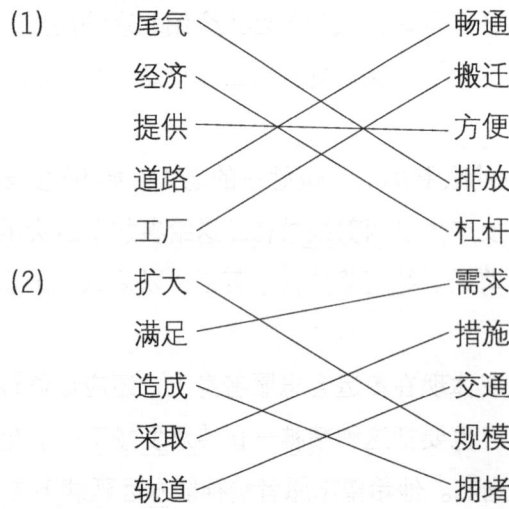

78

## （二）句子练习

### 1. 听句子，判断正误。

(1) 在很多城市，电动自行车已经成为一些市民的代步工具。

(2) 随着私家车数量的迅速增加，城市交通的压力越来越大。

(3) 目前，城市的基础设施和公共服务设施还满足不了市民出行的需要。

(4) 城市的人口总量是一个跟交通问题有很大关联的因素。

(1) √　　(2) √　　(3) ×　　(4) √

### 2. 听后模仿。

(1) 某些地区蔬菜的生产供给仍难以满足老百姓的生活需求。
国内钢材的品种仍难以满足汽车工业的发展需求。
这些措施仍难以满足市民的出行需求。

(2) 前些年我们花了很大的财力对工厂的设备进行改造。
近年来有关部门花了很多的人力对山区的资源进行开发。
前几年市政府花了很大的财力对老城区的道路进行拓宽。

(3) 改造道路可以在一定程度上缓解交通压力。
适当进口可以在一定程度上缓解供求紧张关系。
轨道交通可以在一定程度上缓解交通堵塞。

(4) 运动员的体能与竞技状态会保持在一个较高的水平。
经济发展速度与物价上涨幅度会维持在一个较高的水平。
老城区的居住人口与交通流量会保持在一个较高的水平。

## 四、听课文做练习

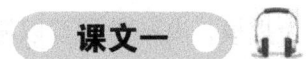

课文一

近年来，随着城市规模的不断扩大，拥堵不堪的市区交通成为城市管理的共同难题。国家有关部门公布的数据表明，我国城市公交车车速越来越慢，现在平均时速为10公里，比自行车的12公里还慢。城市交通的拥堵情况可见一斑。有人甚至预言："如果我们不采取措施加快发展城市公共交通，对道路资源进行合理使用，某些城市的交通将会完全瘫痪。"为了解决"出行难",不少城市开辟了公交车辆专用快速车道,大力发展轨道交通等,但仍难以满足市民的出行需求。于是,没有尾气排放、在许多人看来价廉物美的电动自行车,在不少城市已经成为一些市民的代步工具。

1. 听后判断正误。

   (1) √    (2) ×    (3) ×    (4) √

## 课文二

主持人：交通问题涉及每个人的出行,关系到所有人的生活质量与效率。今天我们就聊聊城市交通这个话题。

陆建国：随着私家车的发展,城市的道路越来越拥挤,交通压力很大。前几年市政府花了很大的财力对老城区的道路进行拓宽,但是赶不上私家车的增长速度,却使人行道越来越窄,有的地方不足1米。另外,某些街道两边的商店很多,买东西都没有地方停车,也会造成交通拥堵。

朱一强：最近几年,城市方方面面的发展速度惊人,而我们的基础设施和公共服务设施跟不上市民出行的需要[1],交通问题越来越突出。影响城市交通的重点是几种场所,一个是沿街的商业地带,一个是学校、医院。随着私家车的发展,原有的这些商业区、学校、医院等没有相应的停车场所,很多人把车停在人行道、自行车道上,必然会影响交通。

主持人：造成城市交通堵塞的因素还有哪些呢?

陆建国：有一个跟交通有很大关联的因素,那就是城市的人口。我们一直在提要限制人口。但前几年城区的一批工厂搬迁,腾出一些空地,后来变成了住房用地。我们城市能不能增加这么多的房地产项目,能不能容纳这么多的居住人口?这需要考虑。

朱一强：关于城市容量控制的问题,市政府发过一个强制性的规定,要求城里的机关、医院都不能扩大规模,有条件的可以搬出城区。我们一直在这么做。但是因为老城区内的医院、学校、商业的密度太高了,这直接导致老城区的居住人口与交通流量会保持在一个较高的水平。

主持人：为了解决交通问题,政府提倡优先发展城市公共交通。这方面大家有什么建议?

朱一强：我想讲一讲公交优先的问题。对公交公司而言[2]，三年内，车辆的数量翻了一番。公交车增加了，但是选择公交的乘客却减少了，因为公交快不起来。公交车开出去以后，常常由于种种原因不能按时跑回来。公交优先是我们必须要坚持的。

陆建国：落实公交优先，我认为要解决下面几个问题：第一，专用道的问题。我们有过统计，市区公交车的时速只有20公里/小时。第二，路口交叉的问题。沿线的小街小巷太多了，对主干道的交通影响很大。第三，轨道交通在配套规划方面要超前一点。沿线各站点的停车问题一定要解决，包括自行车、私家车的存放等。还有与普通公交车、出租车之间的换乘。这些问题不解决，老百姓还是会觉得不方便。

主持人：轨道交通，包括正在建设的地铁，是不是可以在一定程度上缓解交通堵塞？

陆建国：轨道交通会对城市交通压力有所缓解[3]，但是不可能解决全部的交通问题。在大力发展公共交通的前提下[4]，我们应该鼓励自行车和步行出行，特别是自行车出行，应该将道路资源中的更多空间让给自行车。

朱一强：因为道路资源很有限，交通问题会长期存在。对私家车进入城市中心还是应该限制，建议可以通过经济杠杆来调节，比如可以提高商业区停车费，在地铁站、公交车站免费停车等，鼓励市民乘坐公共交通工具。

（大家的观点）

观众一：我是一个医生，我提一些与我的工作有关的问题。救护车在接送病人的时候，交通不畅通，路上过不去，就会耽误对病人的及时治疗，我们再急也没有用。希望城市的道路能够更加通畅。另外，市区的小街小巷比较窄，救护车过不去，非常不利于病人救治，希望设计师在这方面多考虑一下。

观众二：我想谈谈中心街区的交通问题。那些地方比较繁华，小汽车开进去很容易将路堵住。建议禁止小汽车进去，出租车也不要进去，人进去就可以了。路口可以设出租车停靠点，里面可以拿电瓶车作为"公交车"，行人累了，随便走几步，就可以坐上电瓶车。总之，给小汽车制造一些困难，就可以给大多数人提供方便。

观众三：建议在建游乐园的时候，先挖地下停车场，再在上面种树种草，这样一地两用，就能缓解停车紧张的问题，特别是老城区。

1. 听后选择正确答案。

    (1) 下面哪种说法不是造成交通拥堵的原因？　　　　　　　　　　(C)

    (2) 影响城市交通的重点是哪几种场所？　　　　　　　　　　　　(B)

    (3) 选择公交的乘客减少的主要原因是什么？　　　　　　　　　　(D)

    (4) 关于如何解决交通问题，下面哪种说法没有提到？　　　　　　(C)

2. 听后填空，并叙述每个段落。

    (1) 最近几年，城市方方面面的发展速度惊人，而我们的<u>基础设施和公共服务设施</u>跟不上市民出行的需要，交通问题<u>越来越突出</u>。影响城市交通的重点是几种场所，一个是<u>沿街的商业地带</u>，一个是学校、医院。随着私家车的发展，原有的<u>这些</u>商业区、学校、医院等没有<u>相应的停车场所</u>，很多人把车停在人行道、自行车道上，必然会影响<u>交通</u>。

    (2) 关于城市容量控制的问题，市政府发过<u>一个强制性的规定</u>，要求城里的机关、<u>医院都不能扩大规模</u>，有条件的可以<u>搬出城区</u>。我们一直在这么做。但是因为老城区内的医院、学校、商业的密度<u>太高了</u>，这直接导致老城区的居住人口与交通流量会保持在一个较高的水平。

    (3) 落实公交优先，我认为要解决下面几个问题：第一，<u>专用道</u>的问题。我们有过统计，市区公交车的时速只有20公里/小时。第二，<u>路口交叉</u>的问题。沿线的小街小巷太多了，对<u>主干道的</u>交通影响很大。第三，轨道交通在配套规划方面<u>要超前一点</u>。沿线各站点的停车问题一定要解决，<u>包括自行车、私家车的存放等</u>。还有与普通公交车、出租车之间的换乘。这些问题不解决，老百姓还是会觉得不方便。

    (4) 因为道路资源很有限，交通问题会<u>长期存在</u>。对私家车进入城市中心还是应该限制，建议可以<u>通过经济杠杆来调节</u>，比如可以提高商业区停车费，在地铁站、公交车站免费停车等，鼓励市民<u>乘坐公共交通工具</u>。

    (5) 建议在建游乐园的时候，先挖地<u>下停车场</u>，再在<u>上面种树种草</u>，这样一地两用，就能<u>缓解</u>停车紧张的问题，特别是老城区。